용산의 장군들

용산의 장군들

윤석열 군부와 12·3 친위 쿠데타의 실체

박성진 지음

메디치

추천사

12·3 불법계엄 사태 전후에 대한 흥미진진한 스토리. 계엄 세력에 대한 촘촘한 팩트와 탁월한 분석이 감탄을 자아낸다. 오랜 기간 안보전문기자로 맹활약하며 얻은 탁견과 인맥으로 일군 정보력이 돋보인다. 계엄 세력의 사전 정지 작업은 꼭 검경이나 특검의 수사 결과를 기다리지 않더라도 한눈에 그림이 그려진다. "다 계획이 있었구나" 하는 영화의 대사처럼 설득력이 있다. 진보나 보수 정권 할 것 없이 정치에 망가진 우리 군의 폐단과 문제 또한 냉철하게 짚었다. 국민의 군대로 나아갈 바를 제시하는 대목에선 군에 대한 저자의 애정이 느껴진다.

— **정진황** 한국일보 논설위원실장

박성진 기자는 윤석열·김용현이 만든 '충암파', '용현파' 군맥의 민낯을 꿰뚫어본 언론인이다. 그는 윤석열·김용현 군맥이 태동하고, 12·3 불법계엄이라는 절정 끝에 궤멸에 이르는 역사를 긴장감 넘치는 필체로 풀어 선보였다. 윤석열·김용현은 전문성보다는 '충성'을 놓고 군 인사를 주물렀고, 북한에는 초강경 대응으로 일관했다. 치밀하고 오래된 그들의 계엄 준비 과정을 되짚어보니 간담이 서늘하다. 이번 사태를 넘어 국가와 시민이 군과의 관계를 새롭게 정립하는 과정에서 이 책이 큰 참고가 될 것이다.

— **부승찬** 더불어민주당 국회의원, 전 국방부 대변인

모달 선생이 책을 썼다. 모달은 '모두까기의 달인'을 줄인 말이다. 보수 정권과 진보 정권 가리지 않고 불편한 질문과 비판적 시각의 기사를 작성해온 박성진 기자에게 붙은 별명이다. 주변에서 오랜 경험을 책으로 쓰라고 권해도 별 관심 없어 하던 그가 이번에는 하고픈 말이 많았던 모양이다. 많은 당국자들이 그의 기사를 불편해하면서도 내용에 대해서는 고개를 끄덕인다. 그는 이 책에서 20년 넘게 군을 출입한 안보전문기자답게 한국군의 현실을 정확히 진단하고 대안을 제시했다. 이번에도 고개를 끄덕이며 읽었다.

— **유영식** 전 해군 정훈공보실장(예비역 준장)

책을 펴내며

기자들에게 2024년 12·3 비상계엄은 어떻게 다가왔을까. 12월 3일 밤 전투복 차림의 군사경찰은 기자실로 찾아와 퇴거명령을 내렸다.

"안 나가면 테이저건(전기 충격용 권총)을 쏠 수도 있다. 특임대가 투입될 수도 있다"고 경고했다.
— 권혁철 한겨레신문 국방부 출입기자

12·12 군사반란 후 1980년 기자실 풍경은 어땠을까.

"그때는 엠바고(보도유예) 깬 기자가 브리핑 장소에 앉아 있다고 '쫓아내라'는 국방부 대변인의 한마디에 헌병(군사경찰의 전신)들한테 양팔을 끼운 채로 끌려나갔어요."

— 김안중 전 국방부 기자실장

김안중은 38년간 국방부 기자실에서 근무하면서 10·26 사태와 12·12 쿠데타를 지켜봤다.

계엄령은 시민들의 일상을 실감하기 힘들 만큼 바꿔놓는다. 44년 전의 국방부 출입기자가 겪은 것만큼은 아니지만 지금의 국방부 출입기자도 순식간에 바뀐 취재 환경을 잠시나마 경험했다. 다행히 12·3 불법계엄 사태는 6시간 만에 마무리됐다.

선진국에 진입한 대한민국에서 계엄령 선포가 있을 것이라고 예상한 사람들은 거의 없었다. 그러나 그 일이 정말 일어났다. 야당에게 계엄령은 예고된 재앙인 '회색 코뿔소'였고, 여당에게는 느닷없이 다가온 '블랙스완'이었다.

다행히 계엄령이 해제되고 일상으로 돌아올 수 있었지만 국회 안팎에서는 가슴을 쓸어내린 순간이 몇 차례 있었다. 동영상에 공개된 안귀령 더불어민주당 대변인이 계엄군인 특전사 707특임단 대원의 SCAR-L 돌격소총 총구를 손으로 잡고선 "부끄럽지도 않냐"고 소리치는 장면이 국민과 세계인의 시선을 끌었다. 군인은 '총기는 제2의 생명'이라고 교육받는다. 영국 BBC 방송에서 이 장면을 '올해의 인상적 이미지' 12컷 중 하나로 선정했지만, 총기를 목숨처럼 여기는 군인 입장에서 이를 뿌리치는 것은 생명을 지키기 위한 행동이나 다름없다.

그 대원이 본능적으로 뿌리치는 것보다 더 강한 액션을 취했으면 어떻게 됐을까. 혼돈 상황에서는 조그만 충돌이 방아쇠가 돼 수습할 수 없는 지경에 이르게 되는 것은 순식간이다. 계엄군과 이를 막는 시민들의 대치 과정에서 감정이 격해져 조그만 충돌이 유혈 사태로 번졌으면 12·3 불법계엄의 양상은 달라졌을 것이다. 이는 군인의 '자위권'과도 관계가 있어 사후 책임 소재 문제도 복잡해진다. 불법계엄 사태가 인명 피해 없이 끝난 것은 천만다행이었다.

군대를 유지하는 가장 중요한 힘은 위계질서이고 지휘체계다. 상명하복은 군대를 군대답게 만드는 윤리이자 원칙이다. 국회 점거 시도에 동원된 특전사 대원이나 수방사 대원들은 '뭔가 이상하다'고 느꼈지만, 그들에게 당장 모든 권력은 국민으로부터 나온다는 '헌법 제1조'는 막연하고, 명령은 현실이었다. 그렇다고 군형법 제47조에 언급되는 '정당한 명령'이었는지를 판단하는 것은 더욱 어렵다.

그러나 사령관들은 알고 있었다. 그들은 김용현 국방장관의 명령이 헌법 정신에 위배되는 친위 쿠데타 범주에 속한다는 것을 모를 리 없었다. 사전에 언질을 받아 고민할 시간이 아예 없었던 것도 아니었다. 그들은 항명해야 했지만, 불법계엄의 성공에 따른 반대급부에 더 끌렸다.

미국의 사례를 보자. 2020년 5~6월 당시 도널드 트럼프 미국 대통령은 '흑인 생명은 소중하다(BLM; Black Lives Matter)'며 조지 플로이드의 죽음에 항의하는 시위대가 백악관 주변까지 몰려들자 군대 출동을 명령했다. 그러나 마크 밀리 미국 합참의장은 명령을 거부했다. 그는 "군은 시민을 진압하는 게 아니라 외부의 적한테서 국가를 방어하는 게 임무"라고 말했다. 그러면서 오히려 미군 지휘관들에게 "미군의 임무는 대통령의 일방적 지시에 복종하는 게 아니라 수정헌법의 가치(종교·언론·

청원·출판·집회의 자유)를 수호하는 것"이라는 내용의 지휘서신을 보냈다. 트럼프 대통령은 분을 삭이지 못했지만 밀리 의장을 해임하지 못했다. 밀리 의장은 2023년 10월 합참의장 퇴역식 연설에서 "군인은 독재자에게 충성하지 않아야 한다"라고 해 트럼프를 더 열받게 했다. 트럼프가 할 수 있었던 분풀이는 밀리 전 의장을 '루저(loser)'라고 부르는 것뿐이었다.

대통령은 군령의 출발점이다. 군인의 최고상관은 대통령이다. 국방부 장관은 대통령의 군 통수권에 대한 위임을 받아서 군대를 지휘한다. 군인이 대통령이나 국방장관에게 충성하는 것은 당연하다. 그러나 군대는 개인의 사조직이 아니다. 국가의 군사력 사용은 엄격한 법적·절차적 기준을 따른다. 만약 대통령이나 국방장관이 마음대로 명령해서 군사력을 사용한다면 군대는 사병조직이나 마찬가지다. 밀리 합참의장이 군대를 사병조직처럼 부리려는 트럼프의 명령을 단호히 거부할 수 있었던 배경이다. 정당한 항명이었다. 이것이 미군에서는 가능했고, 한국군에서는 일어나지 않은 이유는 무엇인가. 이 책은 그 문제를 다루고 있다.

무력 집단인 군대와 그 조직원인 군인은 존중받아

야 한다. 다른 정치·경제·사회 조직과 다르게 군대가 무너지면 국가가 사라지기 때문이다. 북한을 비롯해 외국 군대나 무장 세력이 침략해왔을 때 국군이 물러나면 대한민국은 붕괴된다.

'권력은 총구에서 나온다'는 것을 믿는 공산주의 국가에서 군대는 '당의 군대'로서 철저한 통제를 받는다. 선진국가에서 군대는 문민 통제와 함께 시민들의 존중으로 유지된다. 미국에서 트럼프 대통령이 밀리 합참의장의 항명에도 그를 해임하지 못하고 끝까지 임기를 채우도록 할 수밖에 없었던 것은 군에 대한 미 국민의 전통적인 '존중' 때문이었다. 미국에서 군복 입은 군인들이 공항이나 음식점에서 먼저 자리를 배정받는 등 우대받는 배경이다.

한국군은 사정이 다르다. 군대는 '국민의 군대'이고, 군인은 '제복 입은 시민'이라는 의식이 약하다. 이 책에서 '정부' 대신 '정권'이란 단어를 사용한 배경도 이런 까닭에서다. 정부는 법률적 넓은 의미로 보면 입법·사법·행정의 삼권을 아우르는 통치 기구다. 행정을 우선해 좁은 의미로 보더라도 삼권분립에 의해 행정을 맡아보는 국가기관이다. 그러나 대한민국 군부는 정부의 정상적 시스템보다는 정부의 실세, 즉 권력을 가진 세력들에 의해 좌지우지돼왔다.

그러다 보니 정권이 바뀌면 남북간 교전의 승패도 오락가락하면서 이름도 바뀐다. 2002년 일어난 '서해교전'이 그렇다. 서해교전은 해군 함정이 북한 해군 함정과의 교전 끝에 목숨으로써 서해 NLL을 사수한 사건이다. 임무완수적 측면에서 '승리한' 싸움이었다. 그러나 당시 야당인 한나라당(현 국민의힘) 의원들은 서해교전을 '완패한 전투', '해군의 자존심이 추락한 패전'이라고 규정했다. 심지어 '햇볕정책이 빚은 참화'라는 표현까지 나왔다. 그러다 이명박 정권이 들어서자 서해교전에 대한 평가는 '패전'에서 '승전'으로 180도 바뀌었다. '북한의 도발을 막아낸 승전'이라는 평가로 변경됐다. 명칭도 '서해교전'에서 '제2연평해전'으로 격상됐고, 영화로도 만들어졌다. 군을 지휘하는 장군들 입장에서는 어느 장단에 춤을 춰야 할지 모를 일이었다.

나라 지키는 임무를 갖는 장군들이 다 비슷한 가치관을 갖는 것은 아니다. 김용현은 9월 2일 국방장관 인사청문회에서 야당 의원들의 계엄 의혹 제기에 "거짓 선동하지 말라"며 "계엄을 한다고 그러면 어떤 국민이 과연 용납을 하겠습니까. 그리고 우리 군도 따르겠습니까. 저는 안 따를 것 같아요. 솔직히"라고 말했던 인물이다. 그에게 "왜 거짓말 했느냐"고 물으면 아마도 "거짓말이 아니었다. 그때는 계엄 생각을 하지 않았는데, 지금은 위기에 처한 국가를 생각하니 계엄에 나서지 않을 수 없었다"라고 답변할 것이다.

당시 나는 그의 말을 믿지 않았다. 강한 부정이 오히려 강한 긍정으로 들렸다. 이는 연령대가 높은 일부 육사 출신 고급 장교들의 독특한 화법이기 때문이다. 비슷한 경험을 여러 차례 했다. 과거 국방부 대변인 가운데서도 그런 인물이 있었다. 그에게 기자들은 장악해야 할 대상이었다. 이들은 전쟁 승리를 위해서는 무엇이든 할 수 있다고 믿는 장교들이다. 그들에게 거짓말은 (전쟁에서처럼) 목적 달성을 위한 하나의 위장 전술일 뿐이다. 문제는 이것이 적군을 상대로 한 게 아니라 국민을 상대로 한다는 점이다.

이 책에서는 12·3 비상계엄을 12·3 불법계엄 사태로 표현했다. 12·3 비상계엄은 헌법 제77조가 규정한 실질적 및 절차적 선포 요건을 갖추지 못했기 때문이다. 절차적 요건인 국무회의 심의만 봐도 정상적으로 지켜지지 않았다. 다만 12·3 내란이라고 표현하지 않은 것은 관련자들이 내란죄 혐의로 구속되는 등 수사가 진행되고 있지만, 최종적인 사법적 판단이 나오지 않은 점을 고려했다.

　모든 일에는 조짐이 있게 마련이다. 2024년 12월 3일 일어난 불법계엄도 마찬가지다. 시작은 윤석열 대통령과 김용현 전 국방장관의 잘못된 '브로맨스'였다. 김용현 국방장관의 지시로 부하들을 불법 동원한 지휘관들은 모두 육군사관학교 출신들이다. 앞서 윤석열 정권이 들어서면서 그들의 모교인 육사에서는 시대 흐름을 역행하는 일이 발생했다. 군에서는 '미니 하나회'처럼 '충암파'와 '용현파'가 등장했다.

　군 통수권자의 '격노'가 부른 '채 해병 사건'은 윤석열 군부의 토대를 야금야금 무너뜨렸다. 국방장관을 포함한 군 수뇌부는 윤 대통령의 심기를 경호하려다 사태를 더 악화시켰다. 그리고 방첩사는 과거 반란군의 우두머리 사진을 다시 내걸었다. 이 책에서는 윤석열 군부의 붕괴 조짐과 무너져가는 과정을 다뤘다.

　이 책은 12·3 불법계엄의 뿌리가 진급을 미끼로 한 충성경쟁이었고, 그것은 과거부터 정권이 바뀔 때마다 반복돼온 관행임을 지적하고 있다. 군 인사를 정권 입맛대로 하다 보니 장군 임기는 '파리 목숨'이 됐다. 이런 현실에서 장군들은 흔들릴 수밖에 없다. 별 하나 더 다는 것을 '생계형 진급'이라고 자조하기까지 한다.

이 책을 쓰면서 군대라는 특수한 집단을 법률 조항의 틀에 엄격하게 가둬놓는 게 과연 합리적인가 하는 의문도 생겼다. 사회에서 흔히 말하는 '법대로 합시다' 방식으로는 지휘권을 융통성 있게 발휘하기 힘든 조직이 군대다. 정당한 지휘권 행사와 지휘권 남용 사이의 경계를 칼로 두부 자르듯이 하기 어려운 측면이 있다. 전시가 되면 더할 것이다.

24년째 군 관련 기사를 쓰면서 일반 사회보다 보수적인 군대도 급격하게 변하는 것을 체감하고 있다. 그럼에도 불구하고 '명령에 살고, 명령에 죽는다'는 군인 DNA는 변하지 않았다. 일반 시민들은 잘 모르는 게 있다. 군인들의 사생관이다. 군인은 목숨을 국가에 바치는 것을 전제로 하는 직업이다. 심하게 얘기하면 직업군인은 유사시 자신의 목숨을 대가로 월급을 받는 직업인이다. 그런 만큼 특수한 윤리와 도덕이 요구된다. 전시에 죽을 것이 뻔한데 '돌격 앞으로!'를 하지 않으면 군법으로 처벌받는다. 국민들이 제복 입은 특수한 시민인 그들을 존중하지 않으면 군대의 힘은 약해지고, 그 피해는 고스란히 국민에게 돌아간다.

12·3 불법계엄 사태는 불법 명령에 따른 장군들이 줄줄이 조사와 수사를 받아도 국군의 대북 대비 태세에 지장이 없다는 사실을 역설적으로 보여줬다. 이 사태를 정치권력에 물든 장군들을 솎아내고 군이 제자리를 찾아갈 수 있는 계기로 삼으면 된다.

이 책에서는 윤석열 군부의 출범에 기여하고 외교관으로 나간 예비역 장성들도 다뤘다. 군 지휘관 경험을 바탕으로 재외 공관장의 자격을 충분히 갖춘 인물들이다. 개인적으로 인품이 훌륭한 분들도 많다. 정권이 바뀔 때마다 되풀이되는 관행을 지적하다 보니 의도치 않게 언급하게 돼 송구스럽다는 말씀을 드린다.

책 말미에는 부록을 마련했다. 윤석열 정권이 청와대를 나와 용산으로 이전을 결정하게 된 계기에 대한 얘기다. 대통령실의 용산 이전은 시대 흐름이었다. 국가 지도자가 구중궁궐과 같은 북악산 청와대에서 나와 국민과의 소통이 용이한 용산으로 간 것은 미래 지향적이었다. 그러나 준비는 부족했고, 이전 후에는 임기응변으로 일관했다. 윤 대통령은 국민과의 소통 약속을 어기고 스스로 불통의 아이콘이 됐다. 급기야 장군들을 불법 비상계엄에 동원하기에 이르렀다.

국내외 정세가 요동을 치고 있다. 국제 문제나 경제 문제 전문가들은 "국제 정치·경제 질서가 근본적으로 바뀌고 있다"며 "우리가 과거 겪었던 위기와는 차원이 다른 위기가 다가오고 있다"고 말한다. 이런 상황에서 불법계엄 사태가 벌어지니, 답답하기 그지없다.

이 책을 통해 윤석열 군부뿐만 아니라 과거 정권까지 아울러 책임져야 할 대한민국 군부의 고질병을 비판하고, 나름대로 조그마한 대안을 말했다. 이 글을 불편해할 전·현직 장성들이 많겠지만 넓은 혜량을 부탁드리고 싶다.

마지막으로 이 책의 제목인 '용산의 장군들'은 여석 주 전 국방부 국방정책실장이 "책 쓸 일 있으면 '용산의 장군들'이 괜찮겠다"고 권했던 제목이다. 감사드린다.

2024년 12월
박성진

〈12·3 불법계엄 주요 인물 관계도〉

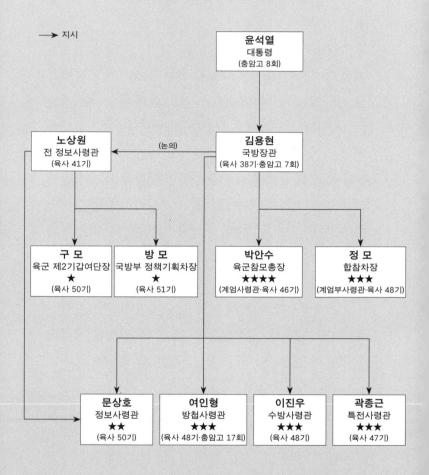

→ 지시

윤석열
대통령
(충암고 8회)

노상원
전 정보사령관
(육사 41기)

(논의)

김용현
국방장관
(육사 38기·충암고 7회)

구 모
육군 제2기갑여단장
★
(육사 50기)

방 모
국방부 정책기획차장
★
(육사 51기)

박안수
육군참모총장
★★★★
(계엄사령관·육사 46기)

정 모
합참차장
★★★
(계엄부사령관·육사 48기)

문상호
정보사령관
★★
(육사 50기)

여인형
방첩사령관
★★★
(육사 48기·충암고 17회)

이진우
수방사령관
★★★
(육사 48기)

곽종근
특전사령관
★★★
(육사 47기)

차례

1부

대통령과 국방장관의 '브로맨스'

2부

윤석열 군부의 '쌍두마차' 신원식과 김용현

1부

대통령과 국방장관의
'브로맨스'

윤석열 정권의 몰락을 예견한
TV조선 대표

2022년 5월 10일. 이날은 윤석열 제20대 대통령 취임식 날이었다. 마침 홍보 컨설팅 회사 헤드라인커뮤니케이션㈜의 이용백 대표한테 전화가 왔다. 그는 한국일보 기자 출신이다. 언론계 선배인 김민배 TV조선 대표와 차 한잔하기로 했는데 같이 가자는 전화였다. 나 역시 윤 대통령과 호형호제하는 김민배 대표가 윤 정권 출범에 대해 뭐라고 얘기할지 궁금했다. 김 대표는 검사 윤석열이 검찰총장일 때는 물론 정계에 진출했을 때여러 조언을 해준 인물이다.

김 대표는 윤 대통령의 충암고 1년 선배다. 두 사람은 대학 1학년 때부터 알고 지냈다. 윤 대통령은 서울 법대 1학년, 대학입시 재수를 한 김 대표는 고려대 사회학과 1학년 때인 1979년에 처음 만났다. 명문대로 진학한 선배들이 모교에서 각각 재학 중인 대학교를 홍보하는 자리에서였다. 이 얘기는 윤 대통령이 검사 시절 '기자 김민배'를 "민배 형"이라고 부르면서 나에게 직접 해준 얘기다. 나는 과거 경향신문 법조팀장 시절부터 20년 넘게 '검사 윤석열'과 알고 지냈고, 그와 술자리를 여러 차례 함께한 경험이 있는 언론인 중 한 명이다.

태평로 TV조선 대표실을 찾았을 때는 서울 여의도 국회 앞마당에서 대통령 취임식이 한창 진행 중이었다. 문재인 전 대통령, 박근혜 전 대통령, 해외 귀빈과 정재계 인사들을 포함해 약 4만 명의 시민이 국회 앞마당에 마련된 자리를 가득 채웠다. 윤 대통령과 김건희 여사는 취임식 무대에 국민대표 20인과 함께 올랐다.

김민배 대표는 이용백 대표와 함께 대표실에 들어선 나를 보자마자 "어이, 실세!"라면서 반갑게 맞이했다. '어이'는 자신보다 연배가 낮은 지인을 보면 하는 김 대표 특유의 표현이었다. '실세!'는 윤 정권이 내가 제안한 청와대 대통령실의 용산 이전을 받아들인 것을 놓고 한 조크였다.

대화의 대상은 자연스럽게 대통령실을 용산으로 이전하는 책임을 맡은 윤 정권의 초대 경호처장인 김용현 예비역 중장으로 이어졌다. 나중에 국방장관이 된 후 불법적인 12·3 비상계엄을 주도한 김용현과 김민배는 충암고 7회 동기로, 그야말로 죽마고우였기 때문이다. 김용현은 "학창 시절 김 대표가 우리 집에서 살다시피 했을 정도로 친한 사이"라고 여러 차례 얘기하곤 했다. 김민배 대표는 친한 벗인 김용현 경호처장의 군 내 평가가 어떤가를 묻고 "문재인 정권의 첫 합참의장 후보였으나 팽 당한 후 절치부심했던 것 같다"는 나의 얘기에 대해 이렇다 할 코멘트를 하지 않고 듣기만 했다.

"새 정부 출범을 어떻게 보느냐"는 후배들의 질문에 김민배 대표는 말을 아꼈다. 한참 후 그는 날씨가 갑자기 더워져 5월의 따가운 햇살 아래 진행되고 있는 대통령 취임식 행사를 두고 걱정스럽다는 말을 꺼냈다. 먼저 감동이 없다고 했다. 그러면서 대낮에 저런 무미건조한 취임식 행사를 치를 바에는 차라리 저녁에 조명을 사용해 잔치 분위기를 만드는 게 낫다고 했다. 특히 윤 정권의 철학이 무엇인지 알 수 없는 것은 큰 약점이라고 덧붙였다.

조선일보 정치부장 출신으로 그는 윤 대통령을 둘러싼 인물들의 속성을 너무나 잘 알고 있었다. 또 독불장군식인 윤 대통령의 캐릭터를 정확히 파악하고 있었다. 김민배 대표는 자신의 오랜 정치기자 경험으로 볼 때 준비가 돼 있지 않은 윤 정권은 출범 2년 이내에 정권이 흔들리는 큰 위기에 빠질 것이라고 내다봤다. 그러면서 그때가 되면 윤 대통령이 자신을 찾을 것이라고 했다. 김 대표는 일찌감치 윤석열 정권의 '릴리프 투수(구원투수)'로 나서야 할 상황이 올 것이라는 예감을 했던 것으로 보인다.

조선일보 도쿄지국장을 지내 친한파 일본 지식인·정치인들과 왕성하게 교류하던 김 대표는 막 시작한 윤석열 정권의 외교정책을 걱정하며 "윤석열 정권의 위기는 대일관계로부터 시작할 것"이라고 했다. 그 이상 직접적인 말은 하지 않았지만, 동행했던 이용백 대표는 "김 대표가 호남(전남 진도) 출신인 것도 그때는 강점이 될 수 있을 것"이라며 "주변에서는 국무총리나 대통령실 비서실장 직위를 두고 하마평이 오가곤 했다"고 말했다.

김민배는 위기에 강한 스타일로, 저돌적인 기획력으로 TV조선 대표까지 오른 인물이다. 〈미스트롯〉을 히트시키며 방송가에 트로트 열풍을 불러일으켰고, 과거 주간조선 편집장 시절에는 '한국 최고의 명의' 시리즈를 기획해 주간조선 판매 부수를 순식간에 늘렸다. 후배들이 과거 기획의 성공을 추켜세우자 그는 "기획의 성공은 우연이 아니라 꾸준한 준비가 있어야 가능하다"고 말했다. 독서광인 그는 TV조선 대표실 내부의 양쪽 벽을 책장으로 만들고 책을 통해 아이디어를 구한다고도 했다.

실제로 김민배 대표의 예측은 현실이 됐다. 윤 대통령은 독불장군식 국정운영으로 지지율 하락에 이어 12·3 비상계엄이라는 초유의 사태를 일으켰다. 앞서 윤 대통령은 출범 2년도 채 안 된 2023년 말 그를 찾았던 것으로 전해졌다. 야권 인사의 전언으로는 윤 대통령이 김민배 대표를 국가정보원장으로 임명하려 했다는 것이다. 그러나 그때 그는 갑작스런 암 발병으로 투병 중이었고, 그 자리에는 조태용 국가안보실장이 임명됐다. 조 국정원장은 12·3 비상계엄 당시 홍장원 국가정보원(국정원) 1차장과 여인형 방첩사령관이 말했다는 체포 대상자 명단을 놓고 진실게임하듯 서로 다른 주장을 펼쳤다. 김민배는 2024년 2월 별세했다. 그가 자신이 말한 대로 윤 정권의 구원 투수로 나섰다면 무엇이 달라졌을까 궁금증만 남았다.

★
군사 퍼레이드를
좋아하는 대통령

국군보다 '미군 먼저'였던 한국군 통수권자

윤석열 대통령은 한국군보다 '미군 퍼스트'였다. 한국
군 통수권자로서의 첫걸음부터 그랬다. 그는 2022년
3월 대통령에 당선된 후 군부대로서는 미군기지인 '캠
프 험프리스'를 맨 처음 찾았다. 2022년 4월 7일 헬기
를 타고 경기도 평택에 위치한 캠프 험프리스를 방문해
주한미군 지휘부를 만났다. 한국군 지휘관들 입장에서
는 당황스러운 일이었다. 군 통수권자가 자국의 군부대
가 아닌 한국에 주둔 중인 외국군 부대를 먼저 찾아 지

휘관과 장병들을 격려했으니 그럴 만했다. 역대 대통령들 가운데 한국군 부대보다 미군 부대를 먼저 방문한 인물은 아무도 없었다.

윤 당선인 측 배현진 대변인은 서면 브리핑을 통해 "윤 당선인은 한미동맹의 결속력을 보다 높이고 북한의 핵·미사일 위협에 대한 억제·대응 태세를 강화하겠다는 의지를 밝혔다. 아울러 한반도 안보에 기여해온 주한미군을 격려했다"고 전했다. 윤 당선인은 윌러드 벌러슨 미 8군사령관 등과 함께 장병 식당에서 식사까지 했다.

그는 캠프 험프리스에 도착해 "대통령 당선인으로서 처음 방문한 부대가 한미군사동맹의 심장부인 캠프 험프리스"라고 자랑스럽게 말했다. 그러나 이것부터 틀린 말이었다. 한미군사동맹의 심장부는 그때까지만 해도 서울 용산 미군기지에 주둔 중인 한미연합군사령부 본부였다. 캠프 험프리스는 아니었다. 캠프 험프리스는 한미동맹의 상징이라기보다는 미군의 전략적 유연성에 따른 '순환 배치군' 역할을 겸하고 있는 주한미군 주둔지이자, 중국을 겨냥한 세계에서 가장 큰 미군의 해외 지상군 기지였을 뿐이다.

이명박 대통령만 해도 당선인 시절인 2007년 12월 전방의 육군 6사단을 먼저 방문하고 그 이듬해 1월에 한미연합사를 방문했다. 당시 이 당선인은 국방부를 먼저 방문하면서 "한미연합사에 가기 전에 (국방부에) 먼저 오는 게 예의 같아서 들렀습니다"라는 방문 취지를 전했다. 당연한 얘기였다. 하지만 외교·안보 라인이 'MB 2.0'이라는 말을 듣는 윤석열 정권임에도 불구하고 우선순위가 달랐다.

박근혜 대통령은 2012년 12월 경기도 광주의 특수전교육단을 격려 방문한 뒤, 취임식 사흘 전인 2013년 2월 22일 한미연합사를 방문했다. 노무현 대통령은 2002년 12월 강원도 인제의 육군 12사단을 방문하고 이듬해 1월 한미연합사를 찾았다. 김대중 대통령은 1997년 12월 경기도 지역 국군 일선부대를 먼저 방문한 후 동두천 소재 미군 부대를 방문했다. 이듬해 1월에도 한미연합사 방문 전에 해·공군 일선부대와 계룡대를 먼저 찾았다.

윤 당선인의 첫 군부대 방문지가 미군 부대였던 것은 외교·안보 메시지 관리의 실패작이었다. 한국군 통수권자가 자국군보다 주한미군에 더 의존하고 있다는 시그널이나 다름없기 때문이다. 나아가 대한민국 군대의 최고사령관이 자국군보다 동맹군인 미군을 더 우선시한다는 인식을 국제사회에 심어줬다.

윤석열 대통령은 주한미군보다 한국군 수뇌부를 먼저 만나 한반도 방위 태세와 관련한 보고를 받았어야 했다. 군에서는 프로토콜(의례 또는 의전)이 매우 중요하다. 그는 폴 러캐머라 주한미군사령관과 배석자 없이 10분가량 독대까지 했다. 이 역시 정상적인 프로토콜로는 이해하기 힘든 대목이었다.

한국군 부대를 패싱한 윤 당선인의 캠프 험프리스 방문은 외교·안보 보좌진의 수준을 가늠케 한 사건이었다. 그들은 '국민의 일꾼(Servant of the People)'이 아닌 '미국의 일꾼(Servant of the USA)'이었다. 형식이 내용을 지배하는 곳이 외교·안보의 세계다.

'쿠데타·계엄'이 금기어가 아니었던 대통령

권력자가 자신의 권력기반 강화를 목적으로 군대를 동원해 기존 통치체계를 중단시키는 것을 '친위 쿠데타'라 한다. 이는 미국 정치학자 새뮤얼 헌팅턴의 분류다. 대한민국의 경우 1952년 이승만 대통령의 발췌 개헌과

1972년 박정희 대통령의 유신이 친위 쿠데타다. 윤석열 대통령이 군을 동원해 국회를 장악하려 했던 '12·3 비상계엄' 또한 친위 쿠데타 범주에 속한다.

윤 대통령은 2024년 12월 3일 화요일 밤 10시 30분경 더불어민주당의 탄핵 시도와 2025년도 예산 삭감을 "내란을 획책하는 반국가 행위"로 규정하고 "파렴치한 종북 반국가 세력들을 일거에 척결하겠다"면서 비상계엄을 선포했다. 하지만 국회는 12월 4일 오전 1시경 비상계엄령에 대한 해제 요구 결의안을 재석 190명 전원 찬성으로 가결했다. 윤 대통령에 대한 탄핵소추안은 2024년 12월 14일 토요일 오후 5시경 국회 본회의를 통과했다. 현직 대통령에 대한 탄핵안 가결은 2004년 노무현 대통령, 2016년 박근혜 대통령에 이어 헌정사상 세 번째다. 헌법재판소가 국회의 탄핵소추 청구를 인용하면 윤석열 대통령은 박근혜 대통령에 이어 임기 중 파면되는 두 번째 대통령으로 기록된다.

윤 대통령의 비상계엄령 선포를 보고 그가 검찰총장 시절인 2020년 3월 19일 저녁 대검 부장들과의 서초동 서래마을 인근 번개모임에서 했다는 쿠데타 발언이 떠올랐다. 판사 출신으로 대검찰청 감찰부장을 지냈던 한동수 변호사는 대검 근무 당시 상황을 정리한《검찰의 심장부에서》라는 책을 2024년 1월 펴냈다. 그는 책에서 그때 (당시 윤석열 검찰총장이) "내가 육사에 갔더라면 쿠데타를 했을 것이다. 5·16 때 김종필은 중령급이다. 그 쿠데타의 주역들은 중령이다. 검찰로 치면 부장에 해당된다. 부장 시절로 돌아가고 싶다"라는 발언을 했다고 밝혔다. 당시 윤 총장 바로 왼쪽에 앉아 이 발언을 들은 한 변호사는 그의 입에서 문득 튀어나온 '쿠데타'라는 단어가 충격적이었다며 그 어조와 톤이 본인의 의지가 담긴 것이어서 단순한 농담이나 소회로 들리지 않았다고 적었다. 한 변호사는 이 내용을 손준성 대구고검 차장검사의 공무상비밀누설 등 혐의에 관한 공판에 증인으로 출석한 자리에서 진술했다. '고발사주 사건'의 핵심은 손 검사가 아니라 당시 검찰총장이던 윤석열이라는 점을 거듭 강조하기 위해서였다.

한동수 변호사는 윤 대통령의 비상계엄이 저지된 12월 4일에도 자신의 SNS를 통해 "(윤석열 대통령은 과거에) '만일 육사에 갔더라면 쿠데타를 했을 것이다'라고 본인 입으로 말했다"라고 밝혔다. 한 변호사는 "육사에 안 가도 쿠데타를 하네요"라며 "정말 위험한 사람"이라고 전했다. 국민들이 이해하기 어려운 윤 대통령의 계엄령 선포는 합리적이지 못하고 심지어 위험한 개인적 성향이 크게 영향을 미쳤다는 해석이 가능해지는 대목이다.

비상계엄 결과에 관계없이 윤 대통령은 유난히 제복 입는 군을 좋아한다. 국군의날 행사에 2023년과 2024년 2년간 연달아 시가행진을 진행한 것은 전두환 정권 이후 윤석열 정권이 처음이다. 윤 정권은 "군의 사기를 높이고 북한에 경고를 보내기 위한 행사"라고 설명했지만, 군사 퍼레이드를 잘 하지 않는 서방 선진국에서 봤을 때는 이례적 행사다.

윤 대통령은 비상계엄령을 선포하면서 발표한 '긴급 대국민 특별 담화' 전문에도 "(민주당이) 심지어 군 초급 간부 봉급과 수당 인상, 당직 근무비 인상 등 군 간부 처우 개선비조차 제동을 걸었습니다"라는 부분을 넣어 자신이 군을 사랑한다는 것을 표현하려 했다. 이 부분은 12·3 비상계엄에 동원한 군인들을 의식한 표현일 수 있다는 생각도 들었다.

윤 대통령이 제복 입은 군인 집단을 좋아하는 것은 본인이 군대를 가지 못한 자격지심과 특유의 보스 기질이 어우러진 결과라고 본다. 윤 대통령은 부동시로 군

면제를 받았다. 운전면허가 없고, 당구도 치지 않는다. '당구 500'을 친다는 것은 잘못 알려진 사실이다.

'12·3 비상계엄'을 주도한 김용현(육사 38기) 당시 국방장관은 충암고 7회 졸업생으로 8회인 윤 대통령의 고교 1년 선배다. 김용현은 고교 시절 학도호국단장을 지낸 것을 자랑스러워한다. 학도호국단은 1975년 정부가 '학원의 총력안보체제를 구축한다'며 학생회 대신 만든 조직이다. 당시 학도호국단장은 학생회장이나 마찬가지였다.

선후배 관계인 두 사람은 학창 시절에는 서로를 알지 못했다. 그러다가 '검사 윤석열'이 검사장이 되고, '군인 김용현'이 장군이 되면서 동문들이 전화를 연결해줘 얼굴은 보지 못했지만 서로 통성명을 했다. 이는 당시 두 사람이 얼마나 친한지 묻는 질문에 당사자들이 답한 얘기다.

두 사람의 브로맨스는 '검사 윤석열'이 2021년 대선에 나서고, 군문을 떠났던 '군인 김용현'이 윤석열 대통령 후보의 대선 캠프인 국민 캠프의 '외교 및 안보 분야 정책자문단'에 합류하면서 시작됐다. 김용현은 캠프에 예비역 군인과 민간 전문가 모임인 '국민과 함께하는 국방포럼'을 만들어 주로 예비역 장성들을 끌어들였다. 이후 그가 국방장관으로 취임하면서 안보를 끈으로 한 브로맨스는 끝을 향해 달리기 시작했다.

내가 알고 있는 대권을 잡기 전 윤석열 대통령의 외교·안보 수준은 거의 유신 시절 학도호국단장 수준이었다. 대선에 나서면서도 그다지 수준이 높아진 것 같지는 않았다. 마침 윤석열이 대통령 당선인이던 시절, 나는 김용현이 청와대 이전 태스크포스(TF) 부팀장으로 임명되기 직전에 만났다. 그 자리에서 나는 그에게 두 가지를 부탁했다. 첫째는 외교·안보에 관해서 당선인은 '하얀 도화지' 같은 사람이니, 첫 단추를 잘 꿸 수 있는 그림을 그려달라고 했다. 둘째는 국방백서에 '주적' 개념을 넣지 말라고 당부했다. 외부에 공개되는 정부 공식 문서에 주적 표현을 쓰는 나라는 없다. 또 국군 장병들에게 북한군에 대한 과도한 증오심을 심어주고, 그 증오심은 전쟁범죄로도 발전할 수 있다는 이유였다. 그러면서 어차피 군인들은 전투에 나서면 국방백서가 아니더라도 당장 가족과 전우, 국가를 지키기 위해 죽기 아니면 살기로 싸운다고 말했다. 그는 "잘 알았다"고만 했다.

김용현은 나름대로 군 인사를 고민하고 있음을 시사했다. 특히 기무사령관이 매우 중요한 자리라고 했다. 나는 이명박 정권 당시 개정한 군 인사법에 따르면 예비역 장성도 현역으로 다시 임명할 수 있으니 인재풀을 넓혀보라고 권했다. 예비역 중장을 다시 현역 직책으로 보임하고, 국무회의에서 대장으로 진급시켜 각군 참모총장이나 합참의장으로 임명할 수 있다고 했다. 기무사령관 역시 마땅한 인재가 없다면 예비역에서도 찾을 수 있다고 덧붙였다. 그는 관련 자료가 있으면 보내달라고 했다.

그는 "당선인께서 청와대 이전을 책임져달라고 했다"면서 여러 방안을 고민 중이라고 말했다. 나는 "대통령실이 청와대를 나와 용산으로 오면 모든 고민을 일거에 해결할 수 있다"며 그 근거 논리를 설명했다. 이후 윤 대통령이 대통령실의 용산 이전에 대한 대국민 브리핑에서 내가 말한 사례들을 얘기하는 모습을 볼 수 있었다. 그러나 순차적 플랜을 짜서 차근차근 용산으로 이전할 것을 권유했던 나로서는 '번갯불에 콩 볶아 먹는 식' 이전에 당황할 수밖에 없었다.

윤석열 정권이 출범하고 이종섭(육사 40기) 전 합참

차장이 첫 국방장관으로 취임했다. 당초 그는 국가안보실 제1차장 후보자였으나, 장관 후보자를 마땅히 찾을 수 없어 장관이 됐다는 얘기가 들려왔다. 이종섭은 나와 같이 한국군사학회 이사로 있어 교분이 있었던 터였는데, 취임 후 얼마 지나지 않아 점심이나 하자고 연락이 왔다. 이 국방장관은 용산 국방컨벤션에 마련된 자리에 국방부 간부 여러 명과 함께 왔다. 이런저런 얘기를 하다가 나는 김용현 대통령실 경호처장에게 말했던 윤 대통령의 외교·안보 수준에 대한 우려를 똑같이 전했다. 그 역시 얘기를 듣기만 했다.

두 사람이 조언을 한 귀로 듣고 한 귀로 흘렸다는 것을 확인하는 데는 그리 오래 걸리지 않았다. 국방부는 국방백서에 '주적' 개념을 다시 포함시켰다. 윤 대통령은 김태효 국가안보실 제1차장 같은 참모가 '하얀 도화지'에 먹물을 잔뜩 뿌리면서 '뉴라이트' 주장에 물들었고, 스펙트럼이 극우로 크게 치우쳐갔다. 급기야 2024년 12월 3일 '비상계엄 포고령'에는 유신 시대와 군사정권 시절에나 나올 법한 '처단'과 같은 극단적인 단어까지 등장하는 걸 보고 실소를 금치 못했다.

축구선수를 꿈꾸다
장군이 된 소년

12·3 불법계엄 사태의 '키맨'인 김용현 당시 국방장관은 내란죄 혐의를 받고 있다. 윤석열 정권에서 군부 최고 실세였던 그가 하루아침에 나락으로 떨어진 것은 그의 성격과 관계있다. 야망으로 똘똘 뭉친 출세 지향적 인사들이 그렇듯 '군인 김용현'은 상황 적응력이 뛰어났다. 육사에서는 선배 생도들로부터 그 어떤 이유로도 핑계를 대지 말라는 교육을 받았다. 자신이 하지 않은 일로 불이익을 받더라도 구차하게 이유와 핑계를 대는 것은 군인답지 않은 것으로 배웠다고 했다. 여기에

서 더 나아가 그는 초급 장교 때부터 상관의 명령에 토를 달지 않는 '예스맨' 군인이었다.

김용현은 평소 상대방과 대화를 할 때면 "아~" 하는 감탄사를 즐겨 쓰곤 한다. 그러면 상대방은 자신의 말을 경청하고 있다고 여겨 호감을 갖기 쉽다. 그는 윤석열 대통령이 하는 모든 말에도 "맞습니다"라고 말하는 게 몸에 뱄다고 한다. 대통령실 경호처장 시절부터 윤 대통령의 말이면 "맞습니다, 대통령님!"이라고 깍듯하게 화답했다. 김용현이 대통령의 말에 한 번이라도 반대한 걸 본 기억이 있는 사람은 찾기 어렵다. 현역 군인 시절에도 국회 국방위원들에게 유난히 깍듯한 장군이었다. 그는 대령 때 육군본부 국회연락담당관을 지냈다.

김용현은 윤석열 정권에서도 대표적인 충성파 인사다. 그는 2022년 3월 대통령직인수위원회 청와대 이전 태스크포스(TF) 부팀장을 맡아 대통령실 이전의 실무를 맡았다. 이후 초대 경호처장을 거쳐 국방장관으로 발탁됐다.

그는 결론이 난 문제에 대해서는 왈가왈부하지 않고 막무가내로 밀어붙이는 성격이다. 마치 특전사 핵심 가치 구호처럼 '안 되면 되게 하라'는 식이다. 그는 '안

되는' 이유를 버리고 결과를 내는 '방법'에만 몰두한 군인이었다. 대신 부작용에 대해서는 크게 개의치 않는 스타일이었다. 청와대의 이전과 12·3 비상계엄 강행의 공통점은 그 부작용을 무시했다는 것이다.

불도저식 업무 추진에 불만을 내비치는 부하들에게는 거침없는 언사를 마다하지 않았다. 업무 스타일 등이 윤 대통령과 싱크로율 99%라는 말까지 나왔다. 동기생 가운데 그가 3성 장군까지 선두주자를 달렸던 배경이다. 합참 작전본부장 시절에는 집무실에 야전 침대를 갖다 놓고 거의 24시간 근무하다시피 했다. 작전본부장은 북 도발 가능성에 365일 대비해야 하는 직위다.

그는 윤 대통령이 비상계엄을 얘기했을 때도 "안 됩니다"라는 말 대신 가능한 비상계엄의 '성공 방정식'을 적극적으로 설명했을 것으로 보인다. 그러나 계엄군이 국회 장악에 실패할 경우 어떤 결과로 이어지는지에 대해서는 언급하지 않았을 것이다.

'소년 김용현'은 부친의 반대를 무릅쓰고 축구선수를 꿈꿨다. 아들이 운동선수가 되길 바라지 않았던 부친은 그를 충암고로 강제 전학시켰다. 그곳에서 그는 평생의 친구인 김민배 전 TV조선 대표를 만난다. 김민배는 전학 오기 전 공 차느라 학업이 뒤처진 김용현을 도와주는 가정교사 역할까지 하면서 동고동락했다. 그리고 김용현은 전역 후 충암고 1년 후배인 윤석열을 만나 극과 극을 달리는 '롤러코스터'를 함께 탔다.

김용현은 육사 38기 동기생 가운데 선두주자였다. 그럼에도 불구하고 정권이 바뀔 때마다 진급에 어려움을 겪고 절치부심했다. 그에게 군 생활은 진급이라는 '정글'에서의 서바이벌 게임이었다.

합참 작전본부장실에서 그와 도시락 점심을 함께 한 적이 있다. 이런저런 얘기를 하다가 당시 김용현 작전본부장은 그동안 군 인사에서 받았던 불이익에 대해 울분을 터뜨렸다. 그는 유력한 육군 대장 진급 후보자였으나, 한민구 장관이 중장 '3차 진급자'인 A장군을 측근이라는 이유로 대장 진급시켰다며 내심 속을 삭히고 있던 터였다. 앞서 그는 2007년 준장 1차 진급, 2010년 소장 1차 진급에 이어 2013년 10월 인사에서도 육사 동기생 중 단독으로 중장 1차 진급을 한 최고 선두주자였다. 중장 보직도 대장 진급 0순위로 꼽히는 '수방사령관-합참 작전본부장' 코스를 밟은 상태였다. 그러나 2016년 9월 군 인사에서 그는 진급에서 누락됐다. 대신 동기생 A중장이 대장 진급과 함께 한미연합군사령부 부사령관에 취임했다.

그에게 "한 장관님이 김용현 장군을 1순위, 나를 2순위로 한 대장 진급 후보자 명단을 청와대에 올렸는데 내가 됐다"고 한 A장군의 말을 전했다. 대장 인사를 놓고는 직전 해인 2015년 8월 박근혜 대통령이 한미 통합화력 격멸훈련 참관차 5군단을 방문했을 당시 군단장이었던 A중장을 눈여겨본 결과라는 말이 돌았다. A군단장이 예상보다 20여 분 일찍 화력 격멸훈련 행사장에 나타난 박근혜 대통령에게 군사 상황을 쉬운 말로 유쾌하게 설명을 했고, 이를 기억한 박 대통령이 그를 진급시켰다는 얘기였다.

당시 김용현 작전본부장은 "그럴 리 없다"며 이를 일축했다. 그러면서 자신이 겪었던 군 인사에서의 부당함을 토로했다. 그는 "수방사령관 시절 통합방위회의에서 군 측 참석자로서 박원순 서울시장을 만났을 뿐인데 마치 긴밀한 관계인 것처럼 음해하는가 하면, 진보 정권에서는 TV조선 김민배 (당시) 전무의 절친이라고 인사 검증을 한다"며 평소답지 않게 말의 톤이 높아졌다.

문재인 정권이 들어섰을 때 김용현 합참 작전본부

장은 가장 강력한 합참의장 단수 후보자였다. 그의 육사 후배인 청와대의 B장군과 송영무 국방장관의 최측근 C장군이 그를 강력 추천했다. 그러나 조국 수석이 이끄는 청와대 민정수석실이 육군 제17사단에서 벌어진 '영웅 조작 사건'을 들이밀며 브레이크를 걸었다. 이는 2011년 17사단 소속 병장이 사고로 익사한 것을 후임병을 구하고 대신 사망한 영웅담으로 조작했다가 언론 보도로 그 사실이 탄로나 물의를 빚은 사건으로, 당시 사단장이 김용현이었다. 이후 누가 조작 지시를 내렸는지를 둘러싸고 논란이 일었다. 민정수석실은 "사단장이 병장 익사사고를 '영웅담'으로 조작 지시했다"고 한 당시 사망자 부대의 연대장이었던 이 모 대령의 주장을 받아들여 김용현의 대장 진급을 막았다.

애초 발생 당시에는 영웅담을 조작한 지휘관은 연대장인 것으로 마무리된 사건이었다. 그러나 정권이 바뀌자 이 대령은 사건 조작의 당사자는 자신이 아니라 당시 사단장이었던 김용현 작전본부장이라고 주장했다. 이 대령은 이 사건에 대해 국민권익위원회에 민원을 제기해 재조사를 요구했다. 그러자 김 작전본부장도 이 대령을 국방부 검찰단에 무고죄로 고소했다.

재판 과정에서는 증거물로 제시된 혈서가 쓰인 배경을 놓고 공방이 벌어지기도 했다. '믿을 신' 자가 쓰인 혈서는 이 대령이 당시 김 사단장에게 전달한 것이다. 결국 1, 2심에서 이 대령에게 유죄가 선고됐고, 대법원은 2020년 1월 무고 혐의로 기소된 이 대령에 대해 징역 1년 6월형을 내린 원심을 확정했다. 그러나 이 대령은 관련자들이 진실을 조작해 잘못된 판결이 나왔다는 입장이다.

　　김용현 작전본부장은 육군 대장의 꿈을 이루지 못하고 2017년 11월 전역했다. 이후 2021년 윤석열 대선 캠프에 합류했다. 전 정권 군 인사를 비난했던 그는 정작 윤 정권의 실세가 된 후에는 '충암파'니 '용현파'니 하는 말까지 나올 정도로 편향된 군 인사를 했다.

　　이번 12·3 불법계엄 사태 이후 김용현 국방장관은 사의를 밝힌 후 심경을 묻는 한 기자에게 "안일한 불의 길보다 험난한 정의의 길을…"이라는 문자 메시지 답장을 보냈다. 이 글은 사관생도 신조 제3항의 일부다. 12·3 비상계엄의 홍역을 치른 국민들에게는 "험난한 정의의 길보다 안일한 불의의 길을…"이라는 말로 읽혔다.

2부

윤석열 군부의 '쌍두마차'
신원식과 김용현

★
대사로 변신한
'대선 떴다방' 장군들

예비역 장군들은 5년마다 엉덩이가 들썩거린다. '대선 캠프'가 열리기 때문이다. 각 캠프마다 위원회니, 포럼이니 하는 '떴다방' 소그룹들이 우후죽순 생겨난다. 참여자들은 자신의 경험과 지식을 보태 새로 출범하는 정부에 기여하겠다는 명분을 내세운다. 그러고 나서 자신이 속한 캠프가 정권을 잡으면 논공행상으로 한 자리씩을 꿰찬다.

군에서도 대선 때만 되면 "○○○는 △△△캠프로 갔다더라" 등의 말들이 끊이지 않는다. "□□□가 주도해서 멤버들을 모으고 있다더라" 하는 말도 나온다. 언제부터인가 군사안보 전문가로 자칭하는 예비역 장성들이 '포럼'이나 '위원회'의 이름 아래 특정 대권 후보의 지지 성명을 내는 게 유행이 됐다. 대통령 선거가 끝나면 명암이 엇갈린다. 지지 후보가 당선되면 국방장관·차관, 병무청장, 보훈처장, 청와대 고위직, 국책기관장 등으로 두루 포진한다. 현역 군 간부들은 이들과의 친소관계에 따라 진급에 영향을 받는다. 이는 파행적 군 인사와 줄세우기로 이어진다.

군인들은 기본적으로 보수적 성향을 갖고 있다. 진보 성향의 노무현 정권은 출범 이후 군인들을 인사권이라는 '칼'로 줄세우기를 강요했다. 군 통수권자의 신념인 전시작전통제권 환수에 거부반응을 일으키는 장군들이 대다수였던 현실을 감안하면 그럴 만도 했다. 그러나 '관행 척결'이라는 명분으로 군내 편 가르기와 줄세우기라는 씨앗이 노골적으로 심어진 것도 이때부터였다. 내 편과 네 편이 명확했다.

정권이 바뀌자 역풍이 불었다. 이명박 정권 때는 노무현 정권에 적극 호응했던 군인들을 숙청했다. '살생부'가 있다는 소문까지 나돌았고, 다시 TK 군맥을 중심으로 줄세우기가 이루어졌다. 박근혜 정권 때는 서초·마포 포럼 등 캠프 출신들이 인사권을 장악했다. 전 정권 때 잘나갔던 군인들은 당시 김관진 장관의 보호 아래 있던 간부들을 제외하고는 모두 한직을 맴돌았다.

이후 문재인 정권이 들어섰다. 역시 캠프 출신들이 대거 요직을 차지했다. 과거 노무현 정권 때 청와대에 근무했던 영관급 장교와 국방부 서기관 출신들은 요직에 등용됐다. 문재인 정권은 출범 이후 사드(고고도미사일방어체계) 배치가 환경영향평가를 회피해 이루어졌다고 비판했다. 문 정권 기준으로 보면 정상 절차를 생략한 책임자인 A씨는 '적폐 청산' 대상이었다. 그러나 그는 징계 대신 고위직으로 승진했다. A씨가 노무현 정권 때 청와대에서 정권 실세들과 함께 근무한 '내 편'이었던 점을 제외하면 설명이 힘든 인사였다. 노무현 정권 때 중령으로 대통령실 외교안보수석실 안보정책장교로 근무했던 이석구 당시 소장은 기무사령관이 됐다.

윤석열 정권이 들어서자 '국민과 함께하는 국방포럼' 출신들이 주류가 됐다. 캠프 참여 인사들은 이종섭(육사 40기) 당시 국방장관, 이기식(해사 35기) 당시 병무청장 등 정부부처는 물론 강구영(공사 30기) 한국항공우

주산업 사장, 정재관(육사 38기) 군인공제회 이사장 등 여러 기관의 책임자로 자리 잡았다.

이종섭은 이명박 정권 때 대통령실 외교안보수석 비서관실 안보정책담당관을 지낸 인물이다. 현역 장성 인사는 포럼의 좌장 격이었던 김용현 당시 경호처장이 이종섭 국방장관을 통해 주물렀다는 것은 알 만한 군인 들은 다 알았다.

2022년 대선을 앞두고는 정권을 갈아탄 인사가 꽤 있었다. 이를 놓고 문재인 정권의 청와대 국정기획상황 실장 출신인 윤건영 더불어민주당 의원이 한 라디오 방 송에서 "민주당 정부에서 과실이란 과실은 다 따 먹었 던 분들이 그럴 일은 없지만, 혹시 어떤 자리를 바라고 정치적 선택을 했다고 한다면 장군답지 못하다"며 "별 값이 똥값 됐다"고 말하기도 했다. 군인들은 이를 윤석 열 대선 후보 캠프로 간 김용우(육사 39기) 전 육군참모 총장과 이왕근(공사 31기) 전 공군참모총장, 심승섭(해 사 39기) 전 해군참모총장 등 육·해·공군 전 참모총장들 과 최병혁(육사 41기) 전 한미연합군사령관 등 예비역 대장들을 두고 한 말로 해석했다. 문재인 정권에서 안 보지원사령관(현 방첩사령관)으로 임명했던 이상철(학군

28기) 예비역 중장은 정권이 바뀌자 국민의힘 국회의원 용인을 후보로 출마했다 낙선했다.

윤석열 정권에서는 예비역 장성들의 외교관 진출이 유난히 활발했다. 대사나 총영사로 나간 예비역 장성들의 면면을 살펴보면 예비역 대장이 4명, 예비역 중장이 2명, 예비역 소장이 3명이다. 민간인이지만 국방부 개혁실장을 지낸 인사까지 포함하면 10명으로, 문민정부가 들어선 이후로 최다 기록이다.

윤 정권 첫 국방장관을 지낸 이종섭은 '채 해병 사망 사건' 수사 외압 논란으로 더불어민주당이 탄핵을 추진하자 주 호주 대사로 나갔으나, 여론이 악화되자 다시 귀국했다. 그 자리는 심승섭 전 해군참모총장으로 교체됐다. 김판규(해사 37기) 주 나이지리아 대사는 UDT/SEAL 과정을 이수한 UDT 30기 출신으로, 해군 특수전여단장과 9잠수함전투전단장 등을 지냈다. 이왕근 주 콜롬비아 대사는 문재인 정권 초대 공군총장이었고, 전역 후 윤석열 대선 후보 캠프에 합류했다.

최병혁 주 사우디아라비아 대사는 연합사 부사령관 출신으로, 국방장관 후보자가 되면서 귀국했으나 후보직을 고사했다. 류제승(육사 35기) 주 UAE 대사는 윤석열 대통령 취임사 작성에서 안보 분야 부분을 관여했고, 박근혜 정권 때 사드 배치를 책임진 국방부 국방정책실장을 지냈다. 이서영(육사 36기) 주 호놀룰루 총영사는 주미대사관 무관 출신이다.

김진형(해사 36기) 주 피지 대사는 해군 소장 출신으로 이명박 정권의 청와대 국가위기관리 센터장, 구축함 '문무대왕함' 함장, 군인공제회 감사 등을 지냈다. 신만택(육사 38기) 주 동티모르 대사는 육군부사관학교장을 지낸 예비역 소장이다. 홍규덕 주 헝가리 대사는 이명박 정권 때 국방부 국방개혁실장을 지냈고, 숙명여대 교수직을 정년퇴직했다.

정권이 계속 바뀌면서 현역 군인들도 점차 정치화됐다. 대통령실과 군 출신 국방장관의 그립이 세지면서다. 그러다 보니 안보정책에서도 각군 총장 등 현역 군 수뇌부 의견이 배제되는 경우가 잦아졌다. 장군들이 각군 참모총장으로 발탁되고 나서도 무력감과 자괴감을 느끼는 이유다.

윤석열 정권이 들어선 이후 국방부는 신원식 국방장관 지시에 따라 정신전력을 강조했다. 그러면서 교육훈련 우수부대보다는 정신전력 우수부대를 우대했다.

훈련이 잘된 부대보다 구호를 잘 외치는 부대가 대우받는 군대가 됐다. 야전부대에서는 군가경연대회가 유행했다. 현역 간부들 스스로 뭔가 본말이 전도된 '왝더독(Wag the Dog) 현상'을 지켜봤다. 박안수 육군참모총장이 '12·3 비상계엄' 후 전문성이 없어 '포고령 1호'에 어쩔 수 없이 서명했다고 변명하는 것을 보고 야전군인들은 할 말을 잃었다.

아래 내용은 최인수(육사 46기) 예비역 육군 소장이 번역, 출간한 《대통령과 장군들》(매튜 모튼 지음, 북코리아, 2024)이란 책 말미를 발췌한 부분이다. 한국군의 현역·예비역 장성들에게 시사하는 바가 크다.

⊛ 오늘날 초당파적인 군을 성가시게 하는 문제는 장교단 자체에 있는 것이 아니라, 특정 대통령 후보들을 공개적으로 지지하고 그들의 정책과 연대하는 소규모이지만 목소리가 큰 예비역 장성들에게 있다.

⊛ 2012년 선거를 앞두고 미 합참의장 마틴 E. 뎀프시는 다음과 같이 언급했다. 내 생각에, 우리는 우리의 행동과 의사 표명이 우리의 직업에 어떻게 영

향을 미칠지를 현역 복무 이후에도 계속해서 사려 깊이 생각해야 한다. 전임 그리고 예비역 군인들, 특히 장성 출신들은 일생 동안 군 복무와 연계되어 있다. 만약 그 직책과 제복이 당파적 목적을 위해 사용된다면 민군 간의 신뢰관계를 훼손할 수 있다. 우리 모두 이것을 잘 인식해야 한다. 그렇지 않으면 성년이 된 후 대부분의 삶을 함께해온 우리 군에 악영향을 미치게 될 것이다.

⊛ 만약 예비역 장교들이 현재 정책에 대해 비판하거나, 관료들을 위해 봉사하거나 또는 후보자에 대한 지지를 선언하는 등 정치적 의사표현에 참여하고 싶다면 전문직업적 책임감을 가지고 스스로를 군으로부터 이격해야 하고, 오로지 군과 관계없이 개인적인 의견임을 분명히 밝혀야 한다. 그렇지 않으면 합참이 그들의 활동을 억제하는 조치를 취해야 한다. 우선은 개인적으로 설득하고, 그리고 필요하다면 그런 행동을 전문직업군에 위임한 것으로 간주하여 공개적으로 회피하거나 거부해야 한다.

PK 군맥 출신의
강경 매파

신원식(육사 37기) 대통령실 국가안보실장과 김용현(육
사 38기) 전 국방장관은 윤석열 정권의 군부를 지탱한
양대 축이었다. '강경 매파'인 두 사람 모두 예비역 육군
중장으로 국방장관을 지냈다. 육사 출신인 두 사람은
나란히 수도방위사령관과 합참 작전본부장을 거쳤다.
북한을 향한 대적관이 거의 증오심에 가까운 작전통이
란 공통점이 있다. 신원식은 "'화랑대에서 동작동까지'
를 항상 가슴에 품었지만 전쟁터에서 목숨 바쳐 싸워보
지 못했습니다. 그리고 저는 압록강 물을 수통에 담아

조국에 바쳐보지 못했습니다. 이 미완과 불충을 후배 전우들에게 남기고 떠납니다. 모두가 평화를 말할 때 묵묵히 전쟁에 대비하십시오. 모두가 평화통일을 노래할 때 북진통일을 준비하십시오. 통일의 과정이 아무리 평화롭더라도 그 완성은 총구로부터 나옵니다"라는 전역사를 남겼다.

박근혜 정권의 군 실세였던 김관진(육사 28기) 전 안보실장은 두 사람의 과거 후견인 격이었다. 김관진 국방장관 시절 국방부 정책기획관이었던 신원식은 "김관진의 눈과 귀 역할을 한다"는 말을 들었다. 김 전 안보실장은 2022년 대선 직후 '윤석열 정권 초대 국방장관 적임자가 누구냐'라는 질문에 바로 '김용현'이라고 답했다는 일화가 있다.

그러나 김 전 안보실장과 달리 현행 작전 전문가들인 이들에 대해 박한 평가를 내리는 선배 장군들이 적지 않다. 두 사람 모두 임기응변식 '팃포탯(맞받아치기)' 군사 대응에는 능하지만 대북 문제에서 감정적이고 근시안적 대응을 한다는 것이다. 과거 대간첩작전 방식의 현행작전은 잘할지 모르지만 전략적 사고가 필요한 부분에서는 약하다는 평가였다.

이들은 노무현 정권의 'PK 군맥' 출신이다. 과거 노무현 정권이 들어서면서 노 정권은 기존 김대중 정권의 '호남 군맥'을 대거 제거했다. 이 과정에서 PK 출신들이 주류를 이루었다. 부산 출신인 신원식 대령과 마산 출신인 김용현 대령도 노무현 정권 때 별을 달았다.

　　두 장군은 이명박 정권이 들어서자 군부의 대북 강경파로 돌변했다. 1차에서는 탈락하고 2차로 소장 진급한 신원식 육군 제3사단장은 사령부와 예하 부대 담벼락에 빨간색 페인트로 '쳐부수자 북괴군, 때려잡자 김父子', '미친개는 몽둥이가 약! 약! 약!', '부관참시 김일성, 능지처참 김정일·김정은', '북괴군의 가슴에 총알을 박자' 등과 같은 자극적이고 호전적인 구호와 표어를 쓰도록 했다. 외지인은 물론 주민들도 "섬뜩하다"며 민원을 제기했을 정도였다. 대전차 방호벽에는 북한을 멸망시키자는 뜻의 '멸북'이란 글귀를 새겨놓았다. 신 사단장은 회의나 식사 전에도 부대원들에게 '부관참시 김일성, 능지처참 김정일·김정은' 등의 구호를 외치게 했다.

　　이에 질세라 김용현 육군 제17사단장은 인천 지역 예비군 훈련장에 '김부자의 목을 따서 3대 세습 종결짓자', '세습독재 도려내어 북한동포 구해내자' 등의 현수

막을 걸도록 지시했다. 북한 김정일 국방위원장과 김정은 국무위원장 머리 위로 총구가 겨눠진 현수막도 훈련장 곳곳에 설치하도록 했다. 두 사단 모두 '장병 정신교육에 필요하다'고 주장했지만, 정권이 보수로 바뀌자 '보여주기식'이라는 비판도 적지 않았다. 이후 두 사단장은 이명박 정권에서 승승장구했다.

당시 해병대도 신병교육 훈련장에서 북한 김정일 국방위원장의 아들인 김정은의 사진을 사격표적지로 사용했다. 육군 6포병여단은 예비군 사격훈련장에서 영점사격용으로 김일성·김정일·김정은 3대의 사진이 들어간 표적지에 예비군 1명당 9발씩 쏘는 사격훈련을 실시했다.

신원식은 이명박 정권의 국방부 정책기획관 시절인 2011년 '남북군비통제 추진계획서' 문건을 결재한 인물이다. 이 문건은 북한과 군사 협상을 할 경우를 대비해 GP 철수, 판문점 비무장화, 완충구역 확대 등 구조적 군비통제의 3단계와 관련해 여러 조치를 기획해 놓은 서류다. 문재인 정권은 이 문건에 기초해 9·19 군사분야 남북합의서를 작성했다. 이를 놓고 정권이 바뀌면서 입장이 변했다는 비판이 일자, 신원식은 과거 문건은 9·19 군사분야 남북합의서와 전제조건이 다르기 때문에 완전히 다른 해석을 해야 한다고 선을 그었다.

박근혜 정권 수방사령관 시절에는 장경욱(육사 36기) 기무사령관과 충돌했다. 이는 기무사가 "신원식 사령관이 고교 동문 연예인을 통해 외부 인사들과 부적절한 접촉을 한다", "관용차를 타고 나가서 운전병과 차량을 돌려보내 행적이 확인되지 않는다" 등의 내용을 담은 문건을 청와대에 보고하면서 비롯됐다. 이 문제는 당시 김관진 국방장관의 군 인사권 문제로까지 번지면서 장 사령관은 김 모 참모장(육사 40기)과 함께 이임식 시간조차 갖지 못하고 전격 경질됐다. 파워게임에서 수방사령관에게 밀린 기무사령관의 완패였다. 장 사령관은 나중에 문재인 대선 후보 지지 선언을 하고 주 이라크 대사를 지냈다.

기무사 관계자는 그의 비리 의혹을 담은 투서를 나에게 보내기도 했다. 시간이 한참 흐른 후 국민의힘 국회의원 신분이었던 그에게 "당시 정확한 사실이 무엇이냐"고 물었다. 그는 "허리가 좋지 않아 부대 밖에서 물리치료 받은 것까지 왜곡하는 등 장경욱의 기무사가 음해한 것"이라고 주장했다.

신원식 하면 2019년 전광훈 목사의 사랑제일교회 및 태극기 부대가 주최한 광화문 집회 연단에 올라가서 했던 "붕짜자 붕짜"가 자연스럽게 떠오른다. 그는 당시 "2016년 촛불 반역! 반역! 반역 문재인 모가지 따는 것은 시간문제입니다! 기분 좋게 저랑 춤추면서 합시다! 안 내려오면 (쳐들어간다) 붕짜자 붕짜!"를 연발했다.

애초에 그는 유승민 전 의원 등이 주축이 된 바른 정당 창당에 발기인으로 참여했다. 19대 대선에서는 바른정당 대선 후보인 유 의원의 안보특위원장을 맡았다. 2020년 21대 총선에서 미래한국당(현 국민의힘) 비례대표 8번을 받아 국회의원 배지를 달았다. 그는 정치 입문 후 두 번째 대선에서도 유 의원을 지지했다. 2021년 유 의원의 대선 경선 캠프에서는 정책3본부장을 맡았다. 그는 정치 입문 후 유 의원의 '개혁보수'에 뜻을 함께하는 친유(친유승민)계로 분류됐다. 그러다 갑자기 2023년 1월 초 여러 언론과의 인터뷰에서 "지난해 유승민 (전) 대표의 언행에 너무나 실망한 나머지 정치적 인연을 완전히 끊었다"는 내용을 밝히며 정치적 결별을 선언했다. 3월에 열리는 국민의힘 제3차 전당대회를 얼마 안 남긴 때였다. '의문의 1패'를 당한 유 의원은 나중에 라디오 방송에 나와 "언론에 대놓고 전향을 세게 하면서 윤석열 대통령 쪽으로 갑자기 가더라고요. 그때 굉장히 개인적으로 황당했죠"라고 말했다.

신원식은 같은 해 10월 윤석열 정권의 두 번째 국방장관 후보로 지명됐다. 유 의원과의 결별선언은 국방장관으로 가기 위한 사전작업이었다는 말이 나왔다. 야당은 '광기 어린 극우 유튜버 수준의 후보'라고 비판했다. 반면 국민의힘은 '실력 있는 참군인'이라고 엄호했다. 인사청문회를 앞두고는 "문재인 모가지 따는 건 시간문제" 등 과거 발언이 줄소환됐다. 2019년 한 유튜브 방송에서 전두환 신군부의 12·12 쿠데타에 대해 "박정희 대통령이 돌아가신 공백기에 나라 구해야 하겠다고 나왔다고 본다"며 쿠데타를 옹호한 발언도 있었다. 그는 "제 말의 앞뒤가 좀 편집돼서 오해를 불러일으켰다"며 "대법원의 확정판결과 정부의 역사적 평가를 100% 수용한다"고 말을 바꿨다. 1985년 10월 중대장으로 복무하던 시절 부대원의 사망 원인을 조작했다는 의혹을 놓고는 의혹 제기자에 대해 소송을 제기했다.

이밖에도 신원식은 육사 독립운동가 흉상 철거 논란을 촉발했고, 채 해병 사망 사건과 관련해 박정훈 전 해병대 수사단장에게 "3류 저질 정치인의 악습 흉내를 낸다"고 비난하는 등 이곳저곳에서 구설수에 올라 나무위키에 그와 관련한 구설·논란 코너가 따로 있을 정도다.

그는 스킨십에 능한 군인이자 정치인이기도 하다. 수방사령관(중장)과 국방장관 시절에는 국방부 출입기자들과의 폭탄주 만남을 마다하지 않았다. 처음 보는 기자에게도 마치 오래전부터 아는 전우인 것처럼 대해 친밀감을 표시했다. 대언론관계를 중요시 여긴 그는 국방장관에 취임하자 국방부 출입기자인 김 모 연합뉴스 군사전문기자를 국방부 정책보좌관으로 임명했다. 언론인이 정부부처 정책보좌관으로 임명된 첫 사례였다. 언론에 우호적인 그에 대한 기자들의 평가는 좋은 편이다. 지침을 명확하게 내려 부하들에게도 모시기 편한 지휘관이라는 말을 들었다.

'즉·강·끝'의
신기루

윤석열 정권은 '힘에 의한 평화'를 내세웠다. 국방부는 신원식 장관이 취임하면서 적 도발에 대한 군사작전의 원칙으로 '즉·강·끝'을 내세웠다. 북이 도발하면 '즉각, 강력히, 끝까지' 응징하겠다는 의미다.

문제는 '즉강끝'이 애초 전시작전통제권(전작권)도 없는 한국군에게는 '이불 쓰고 만세 부르기'식 구호에 불과했다는 점이었다. 대신 자칫 과잉 대응을 유발해 남북 간 불필요한 군사적 마찰을 불러일으킬 소지가 컸다. 남북 간 사소한 군사적 충돌이 전면전으로 확대될 위험도 있었다.

이 구호가 전군에 하달됐을 때 일선부대 지휘관들 사이에서는 '즉·강'은 알겠는데 '끝'은 정확히 뭐냐는 반응이 나왔다. 그러자 국방부는 "즉강끝의 '끝'은 북한 정권의 종말"이라고 밝혔다. 그러나 북한 정권의 종말은 전면전 상황에서 전작권을 가진 한미연합군사령관 겸 주한미군사령관이 결심해야만 가능한 사안이다. 대한민국 국방장관의 일방적인 결심으로는 불가능하다.

'즉강끝'은 뒤집어보면 남한이 북한을 아무리 두들겨 패도 전면전은 일어나지 않는다는 전제에서 나온 '선동성' 구호였다. 북한이 핵무력 국가임에도 불구하고 한국군이 국지전에서 얼마든지 북한을 두들겨 팰 수 있다는 게 신원식 안보실장의 '뇌피셜'이었다. 그는 KBS TV프로그램 등에도 출연해 김정은 북한 국무위원장은 세계 최고의 부자이기 때문에 전쟁이 나면 잃을 게 많아 자살을 결심하지 않는 이상 전쟁을 일으키지 못한다는 논리를 폈다.

한반도 전면전 상황에서 끝까지 가는 것은 미군인 한미연합군사령관이 결정한다. 그러나 현행 전시 작전계획을 보면 미국은 한반도 전쟁에서 중국의 개입을 고려해 '끝'까지 갈 생각이 없다. 일반 국민들은 잘 모르는 얘기다.

미군의 동의 없는 '즉강끝'이 구두선(口頭禪)일 수밖에 없는 현실은 과거 사례에서도 알 수 있다. 2014년 8월 UFG 한미연합훈련 당시 벌어진 사건이 이런 상황을 잘 설명해준다. UFG 훈련은 한반도에 우발 상황이 생겼을 때 한미연합군의 협조 절차 등을 숙지하기 위해 한미연합군사령부 주도로 매년 8월 실시하는 합동군사연습이다. 훈련은 워게임 모델을 활용한 도상지휘소 연습 방식으로 한다. 실제 병력과 전투장비가 아닌 컴퓨터로 전장 상황을 구현하는 모의(시뮬레이션) 지휘소 연습이다. 당시 모의 워게임은 북한 해군이 동해상에서 남측 해군 함정에 기습 도발하는 상황을 가정해 진행됐다.

여기서 북 함정이 북방한계선(NLL) 근처 남쪽 해상을 항해 중이던 남측 해군 함정에 기습 포격을 가해 반파시키는 상황이 연출됐다. 그러자 한국 해군은 NLL 북쪽에 있던 북 함정을 향해 무더기 포 사격을 했다. 나아가 북 함정이 출항한 해군기지가 있는 원산을 향해 포탄을 퍼붓고, 미사일 공격까지 해 초토화했다. 도발 원점 타격은 물론 원점 배후 세력까지 쑥대밭을 만든 보복 공격이었다.

훈련에 참여한 한국군 장교들은 비록 컴퓨터상에서 벌어진 보복 공격이었지만 '엄지 척' 의기양양했다. 그러나 압도적 대응에 대한 한국군과 미군의 개념은 달랐다. 당시 이 워게임 진행 상황을 보고받은 커티스 스캐퍼로티 한미연합군사령관(미 육군 대장)은 크게 화를 냈다. 한국군이 전면전 개전 이전 상황에서 유엔군사령관을 겸하고 있는 자신에게 의논도 하지 않고 비례성 원칙을 무시한 보복 공격을 했다는 이유에서였다. 스캐퍼로티 사령관은 한미연합훈련을 일시 중지시킨 후 화상회의를 소집해 훈련을 주도한 한국군 고위 장성들에게 강한 유감을 표명했다.

스캐퍼로티 사령관은 나중에 한국군 고위층을 두고 '프로포셔널 카운터 어택(Proportional counter-attack, 비례적 반격)'의 개념도 모르고 (공격) 버튼만 마구 누른다고 비판했다. 적의 공격 수준과 비례성을 고려하지 않고, 무식한 대응으로 군사적 상황을 악화시킨다는 의미였다.

역대 주한미군사령관들은 대부분 한국군 수뇌부에 대해 스캐퍼로티 대장과 같은 인식을 하고 있다. 한

국군 수뇌부는 진보 정권에서는 미군이 받아들이기 어려운 태도를 내세우고, 보수 정권에서는 너무 호전적 태도를 취한다는 것이다.

'즉강끝'은 한국군이 준수해야 할 의무가 있는 유엔사 정전교전규칙(AROE)과도 어긋난다. 정전교전규칙은 적의 공격에 대한 자위권 행사를 할 때 '필요성(필요한 만큼의 무력 사용)'과 '비례성(적대행위의 정도에 비례한 무력 사용)' 원칙을 따르게 되어 있기 때문이다. '강력히'가 군사력 남용으로 이어지면 정전교전규칙을 위반하게 되는 것이다. 만약 '끝까지'가 북한 정권의 붕괴까지 의미하는 것이라면, 이는 전면전 상황이다.

'즉각 대응' 역시 확실한 물증 없는 경솔한 무력 사용일 경우 사소한 판단 착오로 한반도 전쟁의 방아쇠를 당기는 꼴이 될 수 있다. 게다가 '즉강끝'은 북의 GPS 전파교란, 오물풍선과 같은 '회색지대 도발'에는 무기력하다. 이기헌 더불어민주당 의원은 "김용현 전 국방장관이 12·3 비상계엄 일주일 전 '북한에서 오물풍선이 날아오면 경고 사격 후 원점을 타격하라'고 지시했으나 김명수 합참의장 등의 반대로 실행되지는 않았다"는 의혹을 제기했다.

‘즉강끝’은 ‘데프콘(방어준비태세) 3’과도 관련이 있다. 예를 들어 군이 ‘즉강끝’을 하겠다며 서해 5도 지역에서 포격전을 벌이다 북한이 전술핵과 같은 자산을 움직일 경우 군은 바로 표적을 향해 대응 타격할 수밖에 없게 된다. 이 단계쯤 되면 ‘데프콘 3’이 발령되면서 한국군의 전시작전통제권은 한미연합군사령부로 넘어간다. 이후 상황은 한미연합군사령관을 겸하고 있는 주한미군사령관이 관리하게 된다. ‘즉강끝’을 외쳤던 국방장관과 합참의장의 몫이 아닌 것이다.

　신원식 장관의 ‘즉강끝’ 구호는 엉뚱한 곳에서 문제가 됐다. 국방부 장관실은 내외 귀빈과 군 관계자들에게 주는 기념품으로 ‘즉강끝’ 골프공을 만들었다. 골프공 하나하나에 ‘즉’, ‘강’, ‘끝’ 글자를 새겼다. 골프공 상자에는 ‘즉·강·끝’이라는 큰 글씨 아래 국방부 마크가 인쇄되어 있다. 그 하단의 설명문을 보면 ‘즉강끝’이 “티샷은 ‘즉’각, 임팩트는 ‘강’력히, 폴로스루는 ‘끝’까지 하라”는 의미로 바뀌어 있다. 적이 도발하면 즉각, 강력히, 끝까지 응징하겠다는 결의에 찬 구호가 골퍼들의 ‘스윙 요령’으로 둔갑한 것이다. “즉강끝 의미는 그때그때 달라요~ 붕짜자 붕짜!”가 됐다.

군 골프장을 찾은 군 장성들이 그린을 향해 '즉강끝'의 자세로 골프채를 휘두르는 것을 장병들은 어떻게 바라보겠는가. 지금도 최전방 창끝부대 장병들은 매일 '즉강끝' 구호를 외치며 북한군에 대한 적개심을 키우고 있다. 상부의 지시이기 때문이다. 장군들의 골프장 '즉강끝'과 병사들의 최전방 '즉강끝'이 다르다는 얘기다. '즉강끝' 골프공이 문제가 되자 결국 국방부는 이를 모두 처분했다.

급부상한
'충암·용현파'

윤석열 정권이 출범하면서 윤 대통령의 충암고 1년 선배인 김용현은 군 인사에 막강한 영향력을 행사했다. 그러면서 나온 신조어가 대통령과 그의 모교 이름을 딴 '충암파'다. 육사 진학자가 많은 지방 명문고에 견줄 때 충암고는 육사 입학생 숫자 자체가 적다. 그럼에도 불구하고 그가 군 인사를 좌지우지한다는 소문이 돌자 '충암파'란 이름이 회자됐다.

사실 군 내 충암파라고는 김용현 전 국방장관, 여인형(육사 48기) 전 방첩사령관, 박종선(육사 50기) 777부대

사령관, 박성하(육사 54기) 방첩사 기획관리실장 정도가 눈에 띈다. 군 내부 인사자료를 보면 군 장성 370명 가운데 충암고 출신은 4명뿐이다. 중장 이상은 여인형 전 방첩사령관 1명이고, 소장은 육군과 공군 각각 1명, 준장은 육군 1명 등이다. 김영식(육사 37기) 전 1군사령관(대장)과 8년 전 전역한 A예비역 준장(육사 42기) 등을 포함해도 상대적으로 소수다. 김영식 예비역 대장 같은 경우는 윤석열 대선 캠프의 영입 제안을 받고도 거절한 전형적인 외유내강형 군인이다. 지금도 군부대 강연을 다니는 그는 강연료를 방문 부대의 복지비로 모두 기부하는 등 후배들이 존경하는 장군이다.

　김용현의 군맥은 첫째, 소수의 충암고 출신에다 둘째, 근무 인연이 있거나 셋째, 김용현의 인사 혜택을 받은 영관·장성급 장교들을 합친 집단으로 보는 게 맞다. 그래서 나온 말이 '용현파'다. 특히 수방사 제55경비대대(현 55경비단) 출신들과의 관계가 끈끈하다. 김용현은 제55경비대대에서 같이 근무하고 나중에 장군이 된 육사 후배들이 추천하는 장교들까지 잘 챙겨왔던 것으로 알려졌다. 그가 제55경비대대 작전장교를 지낸 시기는 1989년 4월부터 1991년 5월까지 2년여 정도다. 조창래

(육사 45기) 국방부 국방정책실장이 같은 PK 출신으로 김용현과 함께 제55경비대대에서 근무했다. 조창래 예비역 준장이 국방정책실장에 임명되자 용현파가 국방부 핵심 보직에 진출했다는 말이 군 내에 파다했다. 민간인 신분으로 12·3 불법계엄 사태를 사전 기획한 혐의를 받는 노상원(육사 41기) 전 정보사령관도 김용현이 대통령 집무실을 경호하는 제55경비대대 소령일 때 대위로 함께 근무했다.

12·3 비상계엄에 병력을 출동시킨 곽종근(육사 47기) 특전사령관과 이진우(육사 48기) 수방사령관, 문상호(육사 50기) 정보사령관 등도 '용현파'로 분류된다. 결과적으로 '용현파'는 윤석열 정권에 급부상한 '미니 하나회'였다. 비상계엄 실패 이후 이들 대다수는 조사 및 수사 대상이 됐다.

군에서는 한때 '국방파'란 말도 나돌았다. 2023년 10월 취임한 신원식 국방장관이 국방부와 군의 주요 보직이 '용현파'로 채워지자 그에 맞서 키우려 한다고 소문이 난 세력을 두고 하는 말이다. 그러나 신 국방장관이 2024년 8월 김용현 당시 경호처장에게 국방장관 자리를 넘겨주고 국가안보실장직에 임명되면서 '국방파'란 말은 쏙 들어갔다. 이후 군 인사는 '용현파를 중심으로 한 윤석열 친위체제'로 구축됐다. 이는 12·3 불법 계엄 사태로 이어졌다.

★
논란의
대통령 안보 참모

김태효 국가안보실 제1차장 겸 국가안전보장회의 사무
처장은 '중일마' 발언으로 물의를 빚은 윤석열 대통령
의 외교·안보 참모다. 그는 2024년 8월 16일 KBS 뉴스
에 출연해 "과거사 문제에서 일본이 고개를 돌리고 필
요한 말을 하지 않으면 엄중히 따지고 변화를 시도해야
겠지만 중요한 것은 일본의 마음"이라고 말했다.

　　김 차장은 친일에 경도된 외교정책을 편다는 비판
을 받는다. 일본 외교관들이 한국 관계자들에게 "김태
효 같은 사람 10명만 있으면 한일합방을 할 수 있다"고

말을 할 정도다.

김 차장은 이명박 정권에서도 청와대 대외전략비
서관 및 대외전략기획관을 지냈다. 그는 대북 강경파이
자 일본통이다. 2012년 7월 한·일 지소미아(군사정보보
호협정) 체결 추진에서 주도적 역할을 하였다. 당시 한·
일 지소미아는 '밀실 협정' 논란이 불거지면서 성사 직
전 무산됐다. 그는 밀실 협정 추진에 책임을 지고 사
퇴했다. 이후 대북 억지력을 배가하고 한반도의 돌발
상황에 공동 대처하기 위해 한·일 상호군수지원협정
(ACSA)을 체결해야 한다고 주장하기도 했지만, 현재로
선 추진할 계획이 없다고 밝혔다.

김태효 차장은 2023년 4월 8일 미국 언론의 보도
(미 국방부 기밀문건 유출 사태 관련)로 알려진 CIA의 대한
민국 대통령실 도청 사건에 대해 진상 파악이나 항의를
하지 않고 사건을 축소하려 한다는 이유로 비판을 받았
다. 대표적으로 문제가 된 내용에 대해 김 차장은 "대부
분 위조된 것이며, 한미 양국이 동의한 점"이라고 주장
했다. 하지만 정작 미국 조 바이든 대통령과 로이드 오
스틴 국방장관은 "기밀이 맞다"고 밝혔다. 당시 미 측이
알아낸 대통령실 동향이 시긴트(신호 정보)뿐만 아니라

휴민트(인간 정보)에서도 나왔다는 말이 나돌았다. 이는 미 외교관을 만나고 온 기자가 밝힌 것으로, 언론계에서는 특정인의 이름이 거론됐다. 그는 당시 사안에 대해 "미국이 악의를 갖고 도청한 정황이 없다"며 미 측을 옹호했다.

김 차장은 2024년 9월 19일 한국-체코 정상회담에 참석한 정부 인사들 중 유일하게 국기에 대한 경례를 하지 않은 모습이 포착돼 논란이 되기도 했다. 대통령실은 "국기를 발견하지 못해 발생한 착오"라고 해명했지만, 태극기가 어디에 있는지조차 몰랐다는 것은 말이 안 된다는 반박이 나왔다. 김 차장은 윤 대통령이 검찰총장 시절 거주했던 서초구 아크로비스타 주상복합아파트에서 함께 산 이웃이기도 하다.

3부

윤석열 군부 '몰락의 전조'

육사 정신
물갈이 나선 윤석열 군부

윤석열 군부는 정권을 잡자 '육사 정상화'라는 명목으로 교육과정을 개편했다. 육사 정신 '물갈이' 시도였다. 2024년부터는 생도들에게 계엄에 대해 가르쳤던 '헌법과 민주시민' 수업을 폐지했다. 군 수뇌부가 이전 정부에서 개설한 수업이라는 이유로 윤석열 정권의 철학에 맞지 않는 과목으로 간주한 탓이다. 이에 따라 육사는 2024년도 1학년 생도들에게 '헌법과 민주시민' 과목을 교육하지 않았다.

육사는 '2018 기무사 계엄문건' 사건 이후 이 과

목을 개설했다. 해당 강의의 기본은 '헌법과 군사법'이지만, 시민 불복종 및 시민참여 등과 같은 상황에서 군이 해야 하는 역할과 법체계를 함께 살펴볼 수 있는 과목이었다. '민주사회에서의 민군관계와 헌법정신', '시민 불복종이나 운동에 있어서 군의 역할' 등이 주요 내용으로, 육사 생도들도 시민의 일원이라는 입장에서 군과 사회를 바라보는 시각을 넓힐 수 있었다. 생도들은 이 과목을 통해 군대가 시민사회와 동떨어진 '섬'이 아닌 헌법적 가치와 질서 준수를 중시하는 시민사회의 구성체라는 것을 배웠다. 이 교과목을 충분히 수강했다면 12·3 비상계엄에 나선 군의 작전이 위헌임을 쉽게 알 수 있다.

그러나 '헌법과 민주시민' 과목은 정권이 바뀌면서 단순한 법학 중심의 '헌법과 군사법' 수업으로 대체됐다. 이에 대해 군 당국은 "수업이 폐지된 것이 아니라 단순히 명칭이 바뀐 것일 뿐"이라고 주장했다.

앞서 문재인 정권 시절 육군사관학교에 변화의 바람이 불었다. 신임 장교들은 육사 졸업식에서 '국민에 충성, 국가에 헌신'을 다짐했다. 과거 '국민'보다 '국가(주의)에 충성'을 앞세워 쿠데타와 독재권력을 정당화

했던 잘못된 선배들의 유산과 절연한다는 차원이었다. 교과과정에 독립군·광복군 전쟁사 과목도 생겼다.

　육사는 2018년 삼일절 99주년에는 이회영 선생과 김좌진·홍범도·지청천·이범석 장군 등 광복군·독립운동가 5인의 흉상 제막식을 열었다. 흉상 설치를 결정한 인물은 당시 육사교장인 김완태(육사 39기) 중장이었다. 정권 차원의 지시는 없었다. 교과과정에 독립운동사를 다루도록 한 것도 그의 결정이었다. 그는 영관 장교 때부터 광복군과 독립군의 활동에 관심이 많았다. 야전부대 지휘관 시절 모범 병사들을 독립군 유적지 답사 프로그램에 보내줬을 정도였다.

　군수병과 출신인 김 교장은 흉상 설치 예산을 아낄 수 있는 방안을 고민하다 장병들이 사격한 후 남는 탄피를 떠올렸다. 그는 5.56mm 소총 5만 발 분량의 탄피 300kg을 녹여서 5인의 흉상을 만들었다. 탄피는 총기와 실탄도 제대로 주어지지 않은 악조건 속에서 풍찬노숙하며 독립전쟁에 투신한 독립영웅들의 상징이기도 했다고 그는 설명했다.

　김 교장은 육사 정신을 앞장서 개혁한 인물이었으나, 육사 선배들을 포함한 보수 인사들의 갖은 비난에 공황장애 증세에 시달릴 정도로 고역을 치렀다. 그는 육사의 외부 개방 문제를 놓고 문재인 정권 실세의 눈 밖에 나 육사교장에 부임한 후 1년도 채우지 못하고 8개월 만에 전역 조치를 당했다. 진보와 보수 정권 양쪽에서 다 팽 당했던 셈이다.

윤석열 군부는 2023년 8월 육군사관학교 교내에 설치된 홍범도 장군을 포함한 독립군 및 광복군 영웅 흉상을 치우고 일본군 간도특설대 출신인 백선엽 장군의 흉상을 설치하겠다고 나섰다. 발단은 신원식 당시 국민의힘 의원이 2022년 정기국회 국정감사 중 "소련군이 된 이분(홍범도 장군)을 굳이 흉상을 세우고 육사에 만들라고 했는지 의문"이라고 한 발언이었다. 국방부는 국회지적사항이라는 명분으로 이전을 추진하기 시작했다.

당시 이종섭 국방장관은 "공산 세력과 싸울 간부를 양성하는 육사에 공산주의 경력이 있는 사람이 있어야 되겠느냐는 지적이 있었다"고 말했다. 이는 홍범도 장군이 대한민국 정부가 수립되기 전 독립운동의 일환으로 레닌 시절 소련군에 가입한 것을 문제 삼는 것은 말이 안 된다는 반발에 부딪치면서 국군의 뿌리 논쟁으로까지 번졌다.

급기야 독립운동단체 55곳은 공동기자회견을 열어 "육사 생도들로부터 독립 영웅들을 분리하려는 반헌법적이고 매국적 시도"라고 밝혔다. 그러면서 "의병-독립군-광복군으로 이어진 우리 군의 자랑스러운 뿌리를 정면으로 부정하는 것"이라며 "우리 군 정통성을 무력화하기 위한 '친일 뉴라이트'의 흉계"라고 비판했다. 육사 출신인 이종찬 광복회장은 이종섭 장관에게 보내는 공개서한에서 "민족적 양심을 저버린 귀하는 어느 나라 국방장관이냐"며 "스스로 판단할 능력이 없으면 자리에서 퇴진하는 것이 조국 대한민국을 위한 길"이라고 비판했다.

방첩사의 '반란 수괴' 사진으로
'퇴행적 뿌리 찾기'

전두환·노태우 사진 내건 방첩사

국군방첩사령부는 윤석열 정권이 출범하면서 내란죄 등으로 처벌된 전두환·노태우 전 대통령의 사진을 본청 건물 복도에 다시 게시했다. 대신 김재규 전 중앙정보부장의 사진을 빼버렸다. 두 전직 대통령은 각각 20대, 21대 보안사령관을 지냈다. 김 전 중정부장은 16대 보안사령관이다.

역대 사령관 사진은 1948년 5월 조선경비대의 정보처 특별조사과로 출발해 특무부대와 방첩부대 보안사령부를 거쳐 기무사령부, 안보지원사령부, 방첩사령부로 이어온 군 보안·방첩·수사 부대의 변천사이기도 하다. 방첩사는 여기서 16대 사령관의 역사를 지운 것이다.

방첩사 역대 사령관의 사진이 처음 논란이 된 것은 2005년 5월 기무사의 국방부 기자단 초청 행사에서였다. 당시 서울시 종로구 소격동에 있던 기무사 1층 대회의실에서 기무사 간부들과 기자들이 간담회를 가졌다. 이때 대회의실 양쪽 벽면에 걸린 역대 사령관 사진에서 16대 김재규 사령관의 사진이 없다는 것에 주목한 한국일보 김정곤 기자가 〈기무사 부대史 '김재규 공백'〉이라는 제목의 단독기사를 내보냈다. 이때부터 기무사령관 사진을 둘러싼 굴곡의 역사가 이어진다.

방첩사 역대 사령관의 면면을 보면 각종 비리 행위로 역사와 법의 심판을 받은 인물들이 상당수다. 2대 사령관은 전역 후 사학비리를 일삼다 구속된 백인엽 예비역 중장이다. 5대 사령관인 김창룡 예비역 육군 중장은 헌병경찰 통치의 대표적인 '앞잡이'로 악명 높은 인물이다. 그는 1941년 일본 관동군 헌병보조원으로 근무하다 나중에 헌병 오장(伍長)으로 특진했다. 해방 이

후에는 김구 선생 암살범 안두희 배후로 거론됐고 특
무부대장을 지냈다. 안양 사설 묘역에 있던 그의 묘는
1998년 기무사의 노력으로 대전국립묘지로 이장됐다.

11대 이철희 사령관은 전두환 정권 당시 '5공 최대
비리'로 꼽힌 장영자·이철희 부부사기 사건의 당사자로
물의를 빚었다. 각각 20대, 21대 사령관이었던 전두환·
노태우는 대법원으로부터 반란수괴, 내란 목적 살인 등
을 저지른 것으로 판결받았다. 39대 배득식 사령관은
댓글 공작으로 징역 3년형을 선고받았다. 기타 집행유
예 이상의 형을 받은 이도 여럿 있다.

군사정부 시절 보안사령부는 '절대권력'이자 공포
와 억압정치의 상징이었다. 그래도 역대 방첩사령관의
사진은 기록물 의미가 있기에 전두환·노태우 전 사령관
이 여기에 포함되는 것은 당연하다고 볼 수 있다. 그러
나 김재규 전 사령관 사진만 뺀 것은 과거의 영화를 그
리워하는 방첩사의 선택적 역사의식을 보여준 것이다.

그동안 정권이 바뀔 때마다 끊임없이 방첩사 역대
사령관 사진에 대한 문제를 제기했다. 역대 사령관 사
진을 걸려면 모두 다 걸고, 빼려면 적어도 일정 기준 이
상의 법의 심판을 받은 경우 동일한 잣대를 적용해야

한다는 것이었다.

　그러다가 김재규 전 중정부장의 경우 그가 거쳤던 부대의 역대 부대장 사진에서도 빠져 있던 사실을 확인하게 되었다. 이 때문에 영관 장교들조차 김 전 중정부장이 장군이 아니라 민간인 출신인 줄 아는 경우가 태반이었다. 김 전 중정부장은 육군 6사단장과 3군단장을 지냈다. 심지어 부대 역사 문서에서도 그의 이름에 검은색을 칠해 이름조차 발견할 수 없게 만들었다는 내부 제보를 받았다. 육군은 이에 대한 확인을 거부했다.

　반면 전두환·노태우 전 대통령의 경우 거쳐간 부대의 역대 부대장 사진들 가운데서도 봉황 문양이 특별히 부착되어 있었다. 이들과 함께 쿠데타를 주도했던 멤버들의 사진도 다 걸려 있었다.

　이후 나는 김재규의 사진이 기무사뿐만 아니라 그가 지휘했던 부대에서조차 빠져 있다는 사실을 보도했고, 문재인 정권이 들어선 후에는 역대 부대 지휘관 사진에 대한 차별 없는 명확한 기준을 적용하라고 김용우 참모총장 등 육군 수뇌부를 만나 촉구했다. 이에 대해 군 간부들 사이에서는 일정 기간 이상 금고형으로 처벌된 경우 역대 부대장 사진 대신 이름과 재임 시기만 적어놓아 후배 장교들이 반면교사로 삼게 해야 한다는 의견이 나오기도 했다.

참모총장을 비롯한 육군 수뇌부는 처음에는 내 의견에 공감해 김재규 전 중정부장의 사진 게시를 검토했지만, 나중에는 일부 예비역 장성들의 압력으로 이 문제를 외면했다. 그러면서 국방부 핑계를 댔다. 국방부 차원의 지시나 지침이 있으면 모를까, 육군 차원에서 결정할 문제가 아니라는 것이었다. 이는 신군부 반란이 역사적 흐름에서 불가피했다고 여기는 선배 장군들을 의식한 탓이었다. 예비역 장군들 가운데는 김 전 중정부장의 사진이 다시 내걸리면 '군이 정권을 창출했다'는 자부심과 명분을 스스로 무너뜨리는 것으로 간주하는 이들도 있었다.

국방부와 육군에 근무하는 장군들 입장에서 전두환·노태우 전 대통령과 김재규 전 중정부장의 사진 문제는 '고양이 목에 방울 걸기'였다. 이석구(육사 41기) 43대 기무사령관 때도 마찬가지였다. 당시 기무사는 2018년 초 정치중립 준수를 선언하면서 김 전 사령관 사진을 부대 내에 다시 게시하는 방안을 검토 중이라는 '프레스 가이드라인(PG)'을 작성해 국방부에 보냈다. 이 내용이 언론에 보도되자 기무사 예비역 장성들의 시비성 전화가 잇따랐고, 기무사는 "김재규 전 사령관 사진을 거는 방안을 검토한 바 없다"고 입장을 180도 뒤집었다.

결국 육군과 기무사의 소극적 태도에 공군 출신인 정경두(공사 30기) 국방장관과 고위 민간공무원인 이남우(행시 35회) 인사복지실장이 나설 수밖에 없었다. 담당 과장인 이 모 해군 대령은 "이런 결정까지 국방부로 떠넘기는 육군의 행태가 비겁하다"고 했다. 결국 국방부는 2019년 4월 역대 지휘관 사진물에 대한 구체적 지침을 담은 '국방장관 및 장성급 지휘관 사진 게시 규정 등 부대관리훈령 개정(안)'을 육·해·공군 예하 부대에 하달했다. 역사적 기록 보존의 목적일 경우 역대 지휘관 사진은 (차별 없이) 게시토록 하는 내용이었다. 이에 따라 김 전 중정부장의 이름과 사진은 그가 거쳤던 부대의 역대 지휘관 명단에 40여 년 만에 올라갔다. 국방부는 "군 역사를 군 일부 세력의 입맛대로 재단하는 것을 방지하면서 있는 그대로 기록하고자 하는 차원"이라고 그 배경을 설명했다.

그러나 정권이 바뀌고 2022년 11월 방첩사가 개청

하면서 김 전 중정부장의 사진을 다시 빼기에 이르렀다. 육군 3군단에서도 사진이 내려졌다. 이는 국방부 부대관리훈령의 취지 위반이다. 유족이 김 전 중정부장의 사진을 내린 방첩사와 육군의 행정 처분에 대해 소송을 제기하면 승소할 것이라는 얘기다. 육군 중장으로 예편한 김종배(육사36기) 전 육군교육사령관은 "역대 지휘관 사진은 차별 없이 모두 걸려야 한다"며 "부대원들은 좋든 나쁘든 관계없이 거기에서 나름대로 교훈을 찾으면 된다"고 지적했다.

앞서 문재인 정권은 국군기무사령부의 하드웨어를 바꾸기 위해 안보지원사령부로 부대 명칭을 변경하는 등 법제화까지 했지만 실패했다. 방첩사령부원들의 정신, 즉 소프트웨어가 변하지 않은 탓이었다. 윤석열 정권이 들어서자 방첩사는 역대 부대장 사진 걸기에서조차 퇴행적 조치를 취했다. 이어 여인형 방첩사령관 주도로 윤석열 정권의 친위 쿠데타 성격의 12·3 불법계엄에 가담했다.

조국 민정수석에 막힌 기무사 폐지

문재인 정권에서 송영무 당시 국방장관은 국군기무사

령부(방첩사 전신) 폐지를 시도했다. 그러나 군을 믿지 않았던 문재인 정권은 이전 정부처럼 정권의 말을 잘 듣고 충성하는 장군들이 필요했다. 청와대는 장군들의 동향을 알아야 했다. 그래서 당시 송영무 국방장관이 주장했던 국군기무사령부 해체를 받아들이지 않았다.

송영무 국방장관과 조국 청와대 민정수석은 기무사 축소 수준과 부대 성격을 놓고 부딪쳤다. 송 국방장관은 기무사 해체를 주장했다. 그게 안 된다면 조직을 대폭 축소하려 했다. 기무사령관 계급을 중장에서 소장으로, 참모장을 소장에서 준장으로 낮추자는 의견도 냈다. 조 민정수석은 기무사는 군 사정기관인 만큼 민정수석실 소관이라면서 고위 군 간부들의 동향 파악을 더 강화하려 했다. 기무사를 개혁할 청와대 주무부서는 국가안보실이지만, 실제로는 조 민정수석이 이끄는 청와대 민정수석실이 주도했다.

그 결과 탄생한 군사안보지원사령부는 이전까지 관행으로 해왔던 대령급 이상 진급 대상자의 인사자료, 소위 '세평' 수집을 훈령으로 보장받았다. 또 그동안 없었던 국방부 담당 기무부대의 설치 근거도 군사안보지원사령부령에 포함됐다. 군 안팎에서는 되레 안보지원사가 기무사 시절보다 영향력을 더 키웠다는 평가가 나왔다. 안지사로 간판만 바꿔 단 '도로 기무사'였다. 안지사령관이 국방장관을 배제하고 (군 수뇌부 비리사항이라는 이유로) 청와대에 직보할 개연성도 남겨두었다.

문재인 정권은 감사·검열, 직무감찰, 비위사항 조사·처리 등의 지속적인 감시 절차를 통해 군 조직을 속속들이 들여다보기 위해 검사 출신 인사를 안지사 감찰실장으로 임명했다. 안지사 역시 기무사처럼 정보기관이면서 수사권까지 가졌다. 안지사는 윤석열 정권이 들어서면서 2022년 11월 국군방첩사령부로 다시 이름이 바뀌었다.

결과적으로 문 정권이 '해편(解編, 해체 후 재편)'이라는 어려운 용어까지 사용해가면서 창설한 군사안보지원사령부는 정권이 바뀌자 사라졌다. 대신 국군기무사령부는 국군방첩사령부라는 새로운 이름을 달고 화려하게 부활했다. 조직을 더 탄탄하게 키우며 오뚝이처럼 군 내 권력기관으로 살아남아 12·3 불법계엄 사태의 주역으로 나섰다. 정권이 바뀌어도 방첩사를 대통령의 군 통치에 유용한 중요 기관으로 인식한 결과다.

문재인 정권은 '전시 계엄 및 합수업무 수행방안'이

라는 기무사 촛불 계엄 문건을 빌미로 기무사를 2018년 9월 군사안보지원사령부로 해편했다. 군사안보를 통해 군 내 작전부대의 성공을 '지원'하는 것이 핵심 역할이라고 설명했다. 그러나 정권이 바뀌자 방첩사는 불법적 비상계엄의 전면에 나섰다.

대통령에게 직보까지 할 수 있는 방첩사령관은 태생적으로 '정치적 중립'이 불가능한 자리다. 정권이 군을 감시하고 통제하는 수단으로 방첩사령부를 활용하기 때문이다. 그런 만큼 군 내에서는 야전군인 출신이라 하더라도 방첩사령관이 되면 '힘이 센 정치군인'으로 평가한다. 방첩사령관이 4성 장군으로 진급하는 것을 부정적으로 평가하는 이유다. 과거 기무사령관이 대부분 임기제로 진급한 것에는 이런 배경이 있다.

방첩사는 정권이 바뀔 때마다 수뇌부가 숙청당하는 수난을 겪으면서도 조직을 지키기 위한 나름대로의 대응책을 발전시켜왔다. 대표적인 것이 정권 교체기에 작성하는 보고서다. 이를테면 여당이 계속 집권할 때와 야당이 정권을 잡았을 때를 각각 대비해 보고서를 두 가지로 만든다. 보수 정권용 보고서와 진보 정권용 보고서를 모두 만들어놓고 준비하는 조직이 방첩사다. 정권이 군부를 기회주의 집단으로 만든 전형적 사례 중 하나다.

몰락의 신호탄,
채 해병 사건

2023년 7월 19일 경북 예천 수해 현장에서 수색 작업에 나섰던 해병대 대원이 급류에 휩쓸려 사망했다. 병사들은 구명조끼도 입지 않았고, 현장 지휘관은 (해병대 상징인) 붉은색 티를 입히라고 지시받은 사실이 드러났다. 책임자를 문책하고 국가가 책임지고 보상을 하면 마무리되는 사건이었다.

　문제는 사건의 수사 결과를 알게 된 윤석열 대통령이 격노했고 그로 인해 갑자기 수사 결과가 뒤집혔다는 의혹이 제기되어 일파만파로 커진 것이다. 이후 당시 해병대 제1사단장이던 임성근(해사 45기) 소장의 책임이 크다고 주장한 박정훈(사관 81기) 당시 해병대 수사단장(대령)은 항명죄로 재판을 받고 있다.

대통령의 격노

채 해병 사건의 의혹이 처음으로 드러난 것은 2023년 8월 7일이었다. 국방부에 출입하는 아시아투데이 이석종 기자가 전화를 걸어왔다. 그는 "선배, 제가 오늘 대통령과 관련된 기사를 하나 썼는데 파장이 엄청날 것 같아 일단은 대통령을 '윗선'이라고 표현했는데요"라면서 "채 해병 사건이 대통령의 격노로 이상하게 꼬일 것 같다"고 말했다. 기사를 검색해보니 제목이 〈"故 채수근 상병 순직 해병대 조사보고서 경찰 이첩 불발 국방부 윗선 개입" 주장 제기〉로 되어 있는 '대통령 격노'를 시사한 첫 기사였다. 채 해병 순직 사건을 조사해온 해병대 수사단의 조사보고서 이첩 과정에 이종섭 당시 국방장관보다 윗선의 개입이 있었다는 내용이었다. 누가 봐도 '윗선'은 윤석열 대통령이었다. 군 통수권자인 대통령이 개별 사건 수사에 개입해 수사 가이드라인을 제시한 것이었다.

2023년 여름 국방부와 해병대를 뒤집어놓은 '채 해병 사건'은 군 통수권자의 격노로 빚어진 잘못된 결정에서 비롯됐다는 게 수사 결과에 관계없는 통설이다. 국방장관과 군의 많은 장군이 대통령의 발언을 덮으려다 '거짓의 늪'에 빠진 것으로 보였다. 진실은 채 상병 특검법이나 국정조사로 밝혀지겠지만, 군 통수권자와 그 주변 장군들은 군과 국민을 등지는 길을 선택했다. 이는 1년 반 뒤에 불법적 비상계엄령 선포로 이어졌다. 결과적으로 군 통수권자가 채 해병 사건을 시작으로 국방장관 및 그의 심복 장군들과 함께 '몰락의 길'을 선택한 셈이다.

　　폭우 피해 복구 지원에 나섰다가 숨진 채 해병의 사망 원인을 밝히고 책임자들이 사죄를 해도 모자랐던 그 시점에 대통령의 격노로 사건은 엉뚱한 국면으로 흘렀다. 구명조끼 등 안전장비 없이 부하들을 복구 작업에 투입시킨 의혹을 받는 임성근 해병대 제1사단장이 아닌, 해당 사건의 수사 책임자인 박정훈 당시 수사단장이 항명 혐의로 보직 해임된 것이다.

　　박 대령의 수사보고서에 사인까지 했던 이종섭 당시 국방장관은 돌연 다음 날 이첩 보류를 지시했다. 이 국방장관은 갑자기 '1사단장의 혐의를 기재하지 말라'고 했지만, 박 대령은 애초 보고대로 경북경찰청에 해당 사건을 이첩했다. 그러자 국방부가 박 대령에게 항명죄를 적용했다. 누가 봐도 이런 비상식적인 행보를 설명할 수 있는 단어는 'VIP(대통령) 격노설'뿐이었다. 이와 함께 김계환 당시 해병대사령관이 "대통령이 수석보좌관 회의에서 국방비서관으로부터 관련 보고를 받고 '이런 일로 사단장을 처벌하면 대한민국에서 누가 사단장을 할 수 있겠느냐'며 격노했다"고 박 대령에게 말했다는 부분도 진실 공방을 이어갔다.

그나마 임성근 사단장의 사표 등으로 사건의 파장을 줄일 기회가 몇 차례 있었으나 군 수뇌부는 '독불장군'인 군 통수권자의 심기를 경호하느라 사태를 오히려 악화시켰다. 당시 이전부터 알고 지내던 임 사단장이 전역 결심을 했다는 소식을 듣고 그에게 '必死卽生 必生卽死(필사즉생, 필생즉사)'라는 문자를 보냈다. 이에 임 사단장은 "국장님, 군인으로서 사의 표명은 못 합니다"란 답장이 왔다. 그가 사표를 내고 싶어도 당시로서는 그것마저 낼 수 없는 상황인 것으로 읽혔다.

나중에 이 사건에 김건희 여사까지 등장한 것을 알

게 됐다. 김 여사와 친분이 있었던 이종호 전 블랙펄인 베스트 대표가 임 사단장 구명 로비에 나선 정황이 포착됐기 때문이다. 임 사단장이 채 해병 순직 사건의 책임을 지고 사표를 내려 한다는 소식에 이종호가 "절대 사표 내지 마라. 내가 VIP한테 이야기하겠다"고 언급한 통화 내용도 공개됐다. 임 사단장이 사표 결심을 철회한 배경이 나름대로 이해가 됐다. 그렇지만 그는 결국 대통령과 장관, 국방비서관, 해병대사령관 등과 함께 '폭주하는' 기관차에서 내리지 못했다.

'런종섭'과 고뇌만 한 사령관

이 사건과 관련해 윤 대통령은 2024년 3월 수사대상자인 이종섭 국방장관을 황급히 차관보급인 주 호주 대사로 임명했으며, 그는 도망자를 뜻하는 '런종섭'이라는 오명까지 얻었다. 이에 대한 국민들의 비난이 빗발치자 이종섭은 호주 대사직에 임명된 지 25일 만에 사임했다. 이종섭의 호주 대사 임명과 사임은 제22대 국회의원 선거에서 여권에 악영향을 미쳤다. 심지어 해병대 예비역들은 채 해병 사건의 수사 외압 관련자로 거론된 신범철 당시 국방부 차관과 임종득 당시 국가안보실 제

2차장이 총선에 나서자 낙선 운동까지 나섰다. 채 해병 사건은 해병대 지휘부의 민낯을 드러냈다. 김계환 당시 해병대사령관의 애매모호한 태도는 '빨간 명찰(해병대의 상징)'답지 않다는 말을 들었다. 해병은 오른쪽 가슴에 빨간 배경에 노란색으로 이름을 새긴 명찰을 단다. 빨강은 피를, 노랑은 땀을 상징한다. 해병은 피와 땀으로 만들어진다는 의미를 담고 있다.

당시 김 사령관이 채 해병 사건과 관련해 본인의 심정과 결심을 담아 해병대 장병들에게 보냈다는 지휘서신은 여러 뒷말을 낳았다. 군대에서 지휘서신은 지휘관이 장병들에게 전할 메시지가 있을 경우 사용하는 수단이다. 통상 사단장급 이상 지휘관이 사용하는데, 군의 군령과 군정의 최고 책임자인 장관 지휘서신의 경우에는 지휘서신이 정식 공문으로 취급돼 모든 군부대와 관련 기관에 전달된다.

김 사령관은 지휘서신에서 "말 못하는 고뇌만 가득하다"며 "현재의 상황은 누가 이기고 지는 시소게임이 아니라 해병대가 무조건 불리하고 지는 상황이다", "후배 해병들에게 더 빛난 해병대를 물려주기 위해 시간 시간 숨 쉬는 것을 멈출 수가 없다. 그것이 비록 사령관에게 희생을 강요하더라도", "전우들의 방파제가 되어 태풍의 한가운데에서도 해병대 조직 보호를 위해 몸을 던지겠다"고 했다. 게다가 그는 헤밍웨이 소설 《노인과 바다》 중 "바다는 비에 젖지 않는다"는 구절까지 인용했다.

이 정도면 지휘서신이라기보다는 개인 블로그 글이라는 말이 나왔다. 게다가 지휘서신을 해병대 내부망에 올린 날이 총선 바로 다음 날이어서 논란은 더 컸다. 야당이 압승한 시기에 나온 메시지여서 매우 정치적이라는 얘기가 나왔다. 해병대사령관의 지휘서신은 장병들에게 보내는 메시지라기보다는 오히려 대통령이 있는 용산에 보내는 메시지로 해석됐다. 특히 "해병대를 위해 할 수 있는 것을 고민하고 해결하기 위한 최고의 노력을 하겠다. 이것은 해병대사령관으로서의 다짐이다"라고 한 대목을 놓고도, 사령관의 지휘서신이라면 고민 중이라는 말을 할 게 아니라 구체적으로 무엇을 할 것인지를 밝혀야 했다는 비판이 나왔다. 군에서 부하들이 제일 싫어하는 지휘관이 '결심하지 않는' 지휘관이라는 점에서 더욱 그랬다.

또 채 해병 사건과 관련해 '해병대가 무조건 불리

하고 지는 상황'이라고 단언한 부분도 뒷말을 낳았다. 진실이 밝혀지고 정의가 실현된다면 오히려 해병대가 한 단계 더 발전할 수 있는 계기가 된다는 부분을 외면했기 때문이다.

채 해병 사건은 해병대가 수십 년간 열망해왔던 해병대의 독립과 4성 장군 탄생 기대를 무너뜨렸다. 윤 대통령은 대선 후보 시절 해병대 독립을 통한 '4군체제' 전환과 해병대사령관의 4성 장군 진출 등 해병대 발전 방안을 공약으로 제시했다. 그는 또 "해병대가 명실상부한 국가전략기동군 임무를 수행할 수 있도록 병력을 보강하고 첨단 장비를 전력화하겠다"며 "해병대의 병력수준을 충분히 보강하고 상륙공격헬기 등의 도입에 있어 실전성이 검증된 무기를 도입할 것"이라고 약속했다.

앞서 해병대 4성 장군 임명의 근거는 2019년 개정한 군 인사법에 마련된 상태였다. 해병대사령관이 3성 장군(중장)의 임기를 마친 뒤 연합사 부사령관, 합참차장, 합참의장 등 4성 직위로 진급할 수 있는 길을 터놓은 내용이었다. 관련법이 준비됐고, 단지 시행만 되지 않은 상황에서 윤석열 대선 후보는 '임기 내 해병대

4성 장군 배출' 공약을 내걸었다. 그러나 채 해병 사건이 일어나면서 공약 실천은 유야무야됐고, 12·3 불법계엄으로 없던 일이 되어버렸다.

채 해병 사건은 12·3 불법계엄 관련자들에게도 영향을 미쳤다. 김현태 육군 특전사 707특수임무단장(대령)과 이상현 1공수여단장(준장)은 자진해서 언론을 통해 국민들에게 당시 상황을 있는 그대로 전했다. 조직에서 시키는 대로만 하다가 국민들에게 진실을 감추게 될 것을 우려해서였다. 이는 해병대 박정훈 대령이 불러일으킨 학습효과였다. 12·3 불법계엄 직후 홍장원 전 국가정보원 제1차장도 "(방첩사의 정치인 체포 시도를) 폭로한 이후 저는 현재 수사 중인 내란죄의 핵심 증인인데, 제 입을 막으려는 것"이라며 "해병대 박정훈 대령 사건이 떠올랐다"고 말했다.

'12·3 비상계엄령'은
'회색 코뿔소'였다

'회색 코뿔소'라는 말이 있다. 위험의 가능성을 충분히 예상할 수 있었음에도 이를 간과해 결국 큰 위험에 처하게 되는 상황을 가리키는 말이다. 2024년 12월 3일 발생한 윤석열 정권의 비상계엄을 놓고 야당인 민주당에서는 몇 달 전부터 '회색 코뿔소'를 경고했다. 반면 여당인 국민의 힘은 계엄령을 터무니없는 음모론으로 치부하다 허를 찔렸다. 여당에게 윤 대통령의 계엄령 선포는 아무도 예측하지 못한 이례적인 사건을 뜻하는 '블랙 스완'이었다.

국지전 유발 의혹

12·3 불법계엄 사태 후 열린 국회 국방위에서는 김용현 국방장관이 국지전을 유도해 비상계엄을 선포하려한 정황들이 쏟아져 나왔다. 안 그래도 윤석열 군부가북을 군사적으로 자극, 국지전을 벌이려는 게 아니냐는의심을 하고 있던 터였다. '북한군의 도발과 압도적 격퇴' 시나리오는 갈수록 급락하는 윤석열 대통령의 지지율을 만회할 수단이 되기에는 충분했다.

윤 정권 군사 안보의 쌍두마차인 신원식 안보실장과 김용현 국방장관은 국지전이 벌어져도 북이 전면전으로 확대시키지 않을 것이라는 확신을 보여왔다. 특히신 안보실장은 KBS TV프로그램에 출연해 김정은 북한 국무위원장이 세계에서 가장 부자여서 전쟁을 기피할 것이라는 뉘앙스로 발언했다. '즉·강·끝'을 외치면서도발 원점은 물론 지원 세력까지 강력하게 응징하겠다는 그들의 발언은 국지전 승리로 정권의 지지율을 높이려는 의도로 읽혀졌다.

현역 군 간부들을 만날 때마다 국지전의 위험성을 경고했다. 그들의 반응은 "국장님, 설마요! 그게 말이 됩니까. 왠 쌍팔년도식 상상입니까"였다. 그러던 중

2024년 11월 5일 북한이 단거리탄도미사일(SRBM)을 발사했다. 합참은 '북한의 도발을 결코 좌시하지 않을 것'이라는 입장문을 냈다. 남기수 합참 공보 부실장(대령) 명의였다. 남 대령은 정훈병과 장교가 아니라 연평부대 대대장 출신의 해병대 보병장교여서 의아한 생각이 들었다. 알아보니 해병대 전투병과 대령을 선발해 합참 공보실을 보강하라는 상부의 지시에 따른 인사명령이었다.

2010년 연평도 포격 사건 때 군의 공보 대응이 생각났다. 연평도 포격 사건은 군이 북의 서해 5도 도발 정보를 사전에 입수하고서도 정작 대응에 여러 문제점을 노출하면서 피해가 컸던 사건이다. 이 때문에 서해 5도를 책임지는 해병대에서 전투병과 대령을 뽑아 합참 공보실에 합류시킨 것은 이 지역에서의 무력 충돌 시 국민을 상대로 한 공보작전을 강화하기 위한 게 아니냐는 의심이 들었다. 부승찬 더불어민주당 의원은 2024년 12월 9일 국회 국방위에서 "비상계엄을 위해 북한을 자극하는 행동들이 있었다"며 "드론사령부의 무인기를 동원해 국군정보사령부가 백령도까지 가서 날리고, 국군방첩사령부가 이것을 기획하고 드론사령부 운영 요원들이 함께 갔다는 구체적 제보가 있었다"고 말했다. 이것이 사실이라면 북측은 무인기가 발진한 백령도를 해안포로 타격할 수도 있는 일이었다.

오만해진 국방장관과 방첩사령관

정권의 지지율을 높이기 위한 북풍은 생각했지만 친위 쿠데타까지는 예상하지 못했다. 그 생각을 바꿔준 계기는 2024년 10월 8일 서울 용산 국방부청사에서 열린 국회 국방위원회 국정감사장에서 일어났다.

국감장에서는 고성이 오갔다. 여인형 당시 방첩사령관은 "의원님 왜 고함을 치십니까"라며 질의하던 부승찬 더불어민주당 의원 말을 되받아쳤다. 황희 더불어민주당 의원이 '계엄령 준비설' 관련 질의에 대한 여 사령관의 답변 태도를 지적하자, 김 국방장관은 "군복을 입었다고 할 말을 못하면 병신"이라고 말했다. 박선원 더불어민주당 의원은 김 국방장관과 여 사령관이 충암고 선후배 사이인 점을 들어 "충암고 기운이 넘친다. 장관께서 여 사령관 (비호)하는 것 보면 전두환·차지철 같아서 아주 좋다"고 비꼬았다. 김 국방장관은 "감사합니다. 고맙습니다"라고 맞받아쳤다.

그날 김 국방장관과 여 사령관은 평소 알던 장군들이 아니었다. 다른 사람을 본 것 같았다. 두 사람은 부하들에게는 몰라도 외부 인사들에게는 예의 바른 태도를 보였다. 더욱이 국회 국방위원들에겐 깍듯했던 장군들이었다. 김 국방장관은 육군 국회연락담당관 출신이기도 하다. 그걸 보고 '아! 이 사람들이 믿는 구석이 있구나. 혹시 계엄령을 생각하는 게 아닌가' 하는 의심이 들었다. 비상계엄하에서는 군인들이 '갑'이고, 국회를 해산하면 정치인들은 '을'이다.

12·3 불법계엄 사태 이후 국회 국방위 야당 국회의원들에게는 군이 북의 도발을 유도했다는 제보가 쏟아졌다. 군이 11월 말 김 국방장관 지시로 북한 오물풍선에 대한 원점 타격을 검토했다는 내용이 대표적이다. 원점 타격은 휴전선 너머 북한 지역에 대한 공격으로, 심각한 남북 간 군사 충돌이다.

방첩사의 '계엄사-합수본부 운영 참고자료' 보고서도 도마 위에 올랐다. 방첩사는 보고서에서 계엄과 통합방위사태를 동시에 선포하는 것이 가능한지 법률 검토를 했고, 가능하다는 결론을 내렸다. 통합방위사태란 적 침투와 도발에 대응해 선포하는 것이다. 북한과의 군사 충돌을 전제로 했다는 의심을 살 수 있는 부분이다.

윤 대통령의 비상계엄 협조 지시를 거부한 홍장원 국정원 1차장은 언론과의 인터뷰에서 예전에 북한의 위협 관련 보고를 했을 때, 윤 대통령이 "다 때려 죽여, 핵폭탄을 쏘거나 말거나"라는 말을 해서 놀랐다고 밝힌 바 있다. 홍 차장은 또 "이런 판국에 설마 '2차 계엄'이나 군사 개입이 있겠냐고 회의적인 목소리가 있었지만, 나는 그렇지 않다고 판단했다"고 말했다. "예를 들어 군 통수권자가 북한이 해안포의 포문을 개방하니 선제 타격하라고 지시하면 현장에 준장 정도 되는 계급의 군인은 따를 수밖에 없다"며 "이럴 경우 북한이 전술핵과 같은 주요 자산을 움직이면 우리가 바로 표적 타격할 수밖에 없다"고 설명했다. 그러면서 "그 과정에서 (군이) 민간인처럼 공문 보내고 하는 게 아니다"라고 했다.

국회 국방위에서 가장 논란이 된 사안은 비상계엄 선포 전 북한에 무인기를 침투시켜 남북 국지전을 유도하고 궁극적으로 계엄 선포를 하려고 했다는 의혹이었다. 2024년 10월 발생한 '평양 무인기 사건'과 관련해 "누구로부터 평양에 무인기를 보내라는 임무를 받았냐"는 야당 의원의 질의에 문상호(육사 50기) 정보사령관(소장)과 무인기 전력 운용 부대인 드론작전사령부의 김용대(육사 48기) 사령관(소장)은 "확인해줄 수 없다"고 답변했다. 만약 무인기의 북 침투가 사실이라면 남북을 두 국가로 선언한 북한이 대한민국의 타국 영공 침해 문제로 규정해 국제사법재판소로 갈 가능성도 있다.

비상계엄
'빌드업(예비 공작)'

나중에 보니 김용현 국방장관은 2023년 11월부터 군 인사를 통해 계엄을 치밀하게 준비한 정황이 뚜렷했다. 김 국방장관은 자신의 측근들인 이른바 '용현파'를 군과 국방부 요직에 배치했다. 그는 '12·3 비상계엄' 이후인 2025년 상반기 장성 인사까지 염두에 두고 전례 없던 편법 인사까지 계획했다.

'친위부대' 방첩사 인사

2023년 11월 후반기 장성 인사 때부터 비상계엄시 핵심 부처인 방첩사는 '용현파'에 접수되기 시작했다. 먼저 비상계엄시 합수부장이 될 방첩사령관에 당시 김용현 대통령실 경호처장의 심복인 여인형 중장이 임명됐다. 합수부장은 과거 12·12 군사반란 당시 전두환 보안사령관이 맡았던 자리다.

방첩사는 12월 3일 불법계엄에서 '사전 계획 문건 검토', '포고령 작성', '주요 정치인 신병 확보', '중앙선거관리위원회 시설 확보' 등 핵심 임무를 수행하도록 계획되어 있었다. 그런 만큼 '용현파'는 1년 전부터 치밀하고 체계적으로 계엄을 준비했다.

여인형 사령관은 취임 후 방첩사를 물갈이했다. 그는 '용현파'로 분류할 수 있는 장군들로 방첩사 지휘부를 구성했다. 방첩사 2인자인 참모장에는 소형기(육사 50기) 소장, 요직인 기획관리실장에는 김철진(육사 54기) 준장을 앉혔다. 방첩사 3대 핵심 보직이 모두 방첩사 외부에서 온 인사들로 채워진 전례 없는 인사였다. 여 사령관과 소 참모장은 육군본부 정보작전참모부에서 부장과 계획편제차장으로 손발을 맞춰온 사이였다.

김철진 당시 실장은 국방장관 보좌관실에서 실무자, 총괄장교, 과장을 거치며 장관 비서 전문과정을 밟

아온 인물이다. 그는 이종섭 국방장관 시절 보좌관을 지냈고, 신원식 국방장관 때 방첩사로 자리를 옮겼다. 그는 12·3 계엄 일주일 전 김용현 국방장관 보좌관으로 국방부에 복귀했다. 방첩사에서 장관 보좌관으로 인사 발령이 난 첫 사례였다.

2024년 11월 인사에서 방첩사 기획관리실장에는 김 국방장관과 여 사령관의 충암고 후배인 박성하(육사 54기) 대령이 임명됐다. 육사 54기 동기생인 김철진 장관 보좌관과 박성하 방첩사 기획관리실장은 국방장관실과 방첩사령부를 직접 연결하는 통로 역할을 한 것으로 보인다. 여 사령관의 측근인 소형기 방첩사 참모장은 육군사관학교장으로 자리를 옮겼다. 군 일각에서는 이를 두고 소 사관학교장이 5·16 군사 쿠데타처럼 육사 생도들을 비상계엄 지지 선언에 동원하려 했다는 의혹을 제기했다.

중장 진급자 없는 장성 인사

2024년 11월 군 후반기 장성 인사를 앞두고 군 안팎에서는 하마평이 무성했다. 먼저 김성민(육사 48기) 5군장 등 중장 1차 진급자들은 중장 2차 보직을 기다리고 있었다. 육사 50기 소장들은 첫 군단장 진출을 기대하고 있었다. 후반기 인사에서 영전을 기대하고 있기는 곽종근(육사 47기) 특전사령관과 이진우(육사 48기) 수방사령관도 마찬가지였다.

그러나 육군 3성 장군 인사는 올스톱이었다. 육군 중장 진급자가 1명도 없는 전례 없는 인사였다. 육군보다 규모가 3분의 1도 안 되는 해·공군에선 3명씩 중장 진급자가 나온 것에 견주면 육군 인사는 설명하기 힘들었다. 과거 후반기 장성 인사를 봐도 육군 기준으로 2014년 5명, 2015년 7명, 2016년 4명, 2017년 10명, 2018년 4명, 2019년 5명, 2020년 6명, 2021년 6명, 2022년 3명, 2023년 7명의 육군 중장 진급자가 나왔다. 인사를 기대했던 몇몇 장군들은 불편한 심기를 감추지 못해 참모들이 눈치를 봐야 했다.

국방부 간부들은 김 국방장관의 인사 의중을 알 수가 없었다. 설마 계엄을 위한 인사라고는 생각하지 못했다. 국방부 간부들 사이에서는 신원식 전임 국방장관과 김용현 신임 국방장관의 관계가 급격히 틀어졌다는 말이 나오기 시작했다. 본인이 교체될 줄 몰랐던 신 전 국방장관이 후반기 장성 인사의 틀을 만들어놓고 나갔는데, 신임 장관이 이를 무시해 긴밀했던 두 사람의 관계가 어긋났다는 것이다. 김 국방장관은 국방장관 교체 사실도 사전에 전임자에게 알려주지 않았던 것으로 전해졌다.

김 국방장관은 2023년 11월부터 군 인사를 통해 계엄을 치밀하게 준비했다. '용현파'를 국방부와 육군본부, 방첩사 요직에 배치했다. 12·3 비상계엄을 위한 '빌드업(예비 공작)' 인사였다.

1년 후인 2024년 11월 인사에서 중장 진급자를 내지 않은 전례 없는 인사는 12·3 비상계엄의 선두에 나서야 할 방첩사·특전사·수방사·정보사 사령관 4명의 보직 이동을 막기 위한 선제조치였다. 12·3 불법계엄 사태 이후 안규백 민주당 의원은 국회 국방위에서 "(육군) 소장들을 진급시켜 중장이 되면 특전사령관 등 이런 사람들이 다른 사람으로 바뀌고, 그러면 계엄 설계가 깨지기 때문에 일부러 3성 장군 진급을 안 시킨 것 아닌가"라고 질타했다.

계엄사령부 설치 후 핵심 역할을 하는 합참차장 자리도 이례적으로 인사가 잦았다. 2023년 11월 임명됐던 황유성(육사 46기) 중장은 5개월 만에 강호필(육사

47기) 중장으로 교체됐다. 강호필 중장 역시 6개월 만에 육군 지상작전사령관(대장)으로 진급해 나갔다. 합참차장에 새로 임명된 김봉수(육사 47기) 중장은 임기를 두 달도 못 채우고 조용히 사라졌다. 안규백 국회 국방위원은 국회 국방위에서 "51일짜리 합참차장이 있습니까? 이런 적 있습니까? 전쟁 중인 것도 아닌데"라고 비판했다. 1년도 안 되는 기간에 합참차장 자리에 4명의 중장·대장이 거쳐간 것은 전례가 없는 일이다. 이 역시 비상계엄을 염두에 둔 인사로밖에 해석할 수 없는 대목이었다.

김봉수 중장 후임 합참차장으로 임명된 정진팔(육사 48기) 중장은 여인형 방첩사령관의 육사 동기다. 그는 합참차장이 된 지 한 달도 안 되어 계엄부사령관에 임명됐다.

김 국방장관은 2024년 9월 경호처장이던 시절 여인형 방첩사령관과 곽종근 특전사령관, 이진우 수방사령관 등 3명을 서울 한남동 공관으로 불러 '계엄 모의 회동'을 했다는 의심을 받았다. 김 국방장관은 "대통령실 경호업무와 관련 있는 사령부의 사령관들을 불러 격려한 자리였다"고 주장했으나 전례 없는 일이었다. 오히려 이례적인 비공식 회동에 대한 동향을 대통령실에 보고하는 게 방첩사령관의 의무였다. 그러나 대통령과 경호처장, 방첩사령관이 모두 '충암파'였으니 그런 경고성 보고가 이루어질 리 만무했다. 애초부터 국방장관 동향보고까지 챙겨서 대통령실에 보고해야 하는 방첩사령관에 국방장관의 고교 후배를 임명한 것 자체가 군에서 있어서는 안 될 일이었다.

12·3 불법계엄에 동원된 사령관들은 자신들이 '거사'에 나설 수밖에 없음을 일찌감치 짐작하고 있었다는 정황이 여러 곳에서 발견되고 있다. 그러나 성공만 하면 '진급'과 그 이후가 탄탄대로일 것이라는 달콤한 유혹을 뿌리치지 못했다.

4부

12·3 불법계엄 사태로
무너진 윤석열 군부

정권을 나락으로 몰아간
45년 만의 비상계엄

★

12월 3일 화요일 밤. 갑작스럽게 카톡 메시지가 쇄도했다. 윤석열 대통령이 비상계엄령을 선포했다는 메시지였다. 처음에는 무슨 가짜 뉴스인가 싶었다가 관련 뉴스를 검색한 후 TV를 틀어보고 나서야 현실임을 실감했다. 친인척들은 물론 A대법관, B예비역 장군 등 지인들로부터도 여러 통의 전화가 왔다. 아무래도 군부 동향을 많이 아는 내 얘기를 듣고 싶어서였다. TV와 SNS를 통해 생중계로 올라오는 영상에서는 계엄군과 국회 보좌진들과의 대치 상황에 이어 국회 담을 넘는 야당 국회의원들이 등장했다. 이어 12월 4일 수요일 오전 1시쯤 우원식 국회의장 주재로 열린 국회 본회의에서 재석 190명(야당 172명, 여당 18명), 찬성 190명으로 비상계엄령 해제 요구 결의안이 통과됐다.

이후 어느 정도 상황이 정리되자 후배 기자들이 연락을 해와 이번 사태에 대한 평가를 요청했다. 나름대로 생각을 정리해 비상계엄이 실패한 이유를 설명해줬다. 개인적으로는 윤석열 정권이 북 도발이나 북한군의 러·우 전쟁 참전에 따른 한국군 파병 등을 핑계로 비상계엄령을 내릴 것을 우려해오던 터였다. 그러나 "반국가 세력의 대한민국 체제 전복 위협으로부터 자유민주주의를 수호하고, 국민의 안전을 지키기 위해서"라는 포고문은 뜬금없는 내용이었다. 너무 갑작스럽다는 느낌도 들었다. 김용현 당시 국방장관에 대한 야당의 탄핵이 있을 거라는 얘기도 있던 터여서, 위기의식을 느낀 김 국방장관이 서두른 게 아니냐는 생각이 들었다.

윤 대통령은 12월 4일 오전 4시 27분쯤 비상계엄 선포를 해제키로 발표했고 오전 4시 30분쯤 진행된 국무회의에서 계엄 해제안이 결의됐다. 김 국방장관을 수장으로 한 군부 세력이 윤 정권의 비상계엄령 선포를 무력으로 뒷받침하는 데 실패하면서 '정권 몰락의 방아쇠'는 당겨졌다.

6시간 만에 끝난 비상계엄이었지만 군부의 '김용현 세력'에게 1차 목표의 주요 대상은 국회와 중앙선거관리위원회였다. 국회 점거 시도는 국회가 비상계엄령 해제 요구 결의안을 통과시키지 못하게 하기 위한 작전이었다. 중앙선관위 점거는 윤 대통령이 주장하는 것처럼 지난 4월의 22대 총선 개표가 조작됐다는 증거를 찾기 위해서였다. 김어준 씨의 뉴스공장과 여론조사기관 '꽃'도 1차 작전 대상이었다.

김 국방장관은 우선적으로 국회와 선관위를 노린 계엄령 선포였기에 지리적 접근성이 유리하고 기습 능력이 탁월한 육군특수전사령부 707특수임무단과 제1공수특전여단 2개 대대, 수도방위사령부 제35특수임무대대(SMB)와 군사경찰특임대(SDT), 국군방첩사령부와 국군정보사령부 부대원 등을 집중 투입했다.

김 국방장관은 보안유지를 위해 1차 병력 투입은 비교적 소규모로 하고, 나중에 전국적으로 군 병력을 동원해 계엄사령부를 운영하려 했다. 즉 국회 점거 후 정부청사와 서울시청을 비롯한 각 지방단체 등 주요 기관과 언론사에 순차적으로 계엄군을 투입하려 했다.

12·3 불법계엄은 방첩사가 참고했다는 〈2017년 국군기무사령부 계엄문건〉과는 많이 달랐다. 기무사 문건을 보면 시국에 따라 단계별로 위수령→경비계엄→비상계엄 순으로 실시하는 방안을 담고 있다. 비상계엄 실시를 위해 "집회·시위 봉쇄를 위한 특정 지역(청와대, 광화문, 국방부 등)에 휴대폰 전파방해 및 '목' 지점 차단", "계엄사범 색출은 합동수사본부에서 정보수사기관(국정원, 경찰, 군사경찰 등)을 조정·감독해 시행", "언론 통제를 위해 계엄사 보도검열단(48명) 및 합수본부 언론대책반(9명) 편성·운영", "사이버 유언비어 차단을 위해 방송통신위원회 주관 유언비어 대응반 운영" 등을 명시하고 있다.

기무사 문건에서 계엄군은 기계화 6개 사단, 기갑 2개 여단, 특전사 6개 여단 등이 맡는다고 적시돼 있다. 또 서울 지역 부대 편성에 중요 시설(청와대, 헌법재판소, 정부청사, 국방부·합참) 및 집회 예상 지역 방호를 위해 군 병력 6,200여 명(대기 병력 포함), 탱크 200여 대, 장갑차 550여 대 등을 동원하도록 계획하고 있다.

신군부의 12·12 군사반란처럼 정권을 뒤엎는 군사

쿠데타를 하기 위해서는 대규모 병력의 전면적인 거사가 필요하다. 그러나 군 통수권자인 윤석열 대통령이 지휘하는 '친위 쿠데타' 성격의 12·3 불법계엄은 비상계엄 해제 요구 결의안을 통과시키지 못하도록 하기 위해 국회 점령이 최우선 목표였다.

불법계엄에 등장한 인물들의 면면을 보니 실패할 만했다는 생각이 들었다. 좌고우면하는 데 익숙한 계엄군 사령관들은 목숨을 걸고 결심할 수 있는 장군들이 아니었다. 영문도 모른 채 국회로 투입된 한국군 최정예 병력은 '서울의 봄' 당시 계엄령이 부당하다는 것을 알고 있는 MZ세대 장병들이었다. 이들을 지휘한 현장 지휘관들도 마찬가지였다. 이들은 군인이자 성숙한 민주 시민이기도 했다.

★
김용현의 아바타,
방첩사령관

비상계엄령이 발령되면 국군방첩사령부는 계엄사령
부 핵심 기구가 된다. 경찰·국가정보원·군사경찰·방첩
사를 아우르는 합동수사본부(합수본)를 주도해 모든 정
보·수사 기구를 통제하는 핵심 기관이 되기 때문이다.
방첩사령관은 합수본 본부장을 맡아 요인 체포·구금·
조사, 언론 통제 등의 기능을 총괄한다. 12·12 군사반란
때도 방첩사의 전신인 보안사령부가 합수부 구성을 주
도했다. 보안사령관 전두환(육사 11기)은 합수본부장을
맡아 쿠데타를 일으켜 권력을 잡았다.

여인형(육사 48기) 당시 방첩사령관은 12·3 불법계엄 사태의 핵심 인물이다. 그를 빼놓고 12·3 불법계엄을 얘기하기가 어렵다. 그는 비상계엄의 기획 단계부터 실행 과정에 계속 등장하는 인물이다. 비상계엄 과정에서 김용현 국방장관의 '아바타' 역할을 한 것이다.

여인형에 대한 방첩사 부대원들의 평가는 박하다. A 전 사령관과 B 전 사령관을 합한 캐릭터라는 것이다. 정권의 절대적 신임을 믿고 과욕을 부렸던 A 전 사령관과 부하들에게 충성 경쟁을 시켰던 B 전 사령관의 나쁜 점은 다 갖고 있다는 얘기다. 그만큼 부대원들의 여인형 사령관에 대한 신뢰 지수는 낮았다.

방첩사는 군 통수권자와 사령관에 대한 '절대 충성'이 그 어느 부대보다 강한 전통이 있다. 부대의 존립 근거가 취약한 만큼 사령관 1인을 중심으로 일사불란하게 움직이는 조직이다. 방첩사의 법적 근거는 〈국군조직법〉 제2조 제3항 "군사상 필요할 때에는 대통령령이 정하는 바에 의하여 국방부 장관의 지휘·감독하에 합동부대와 기타 필요한 기관을 둘 수 있다"로 돼 있다. 이는 대통령이 맘만 먹으면 언제든지 문을 닫게 할 수 있다는 의미다.

사령관의 불법적 지시를 따랐다가 정권이 바뀔 때마다 관련자들이 줄줄이 잡혀 들어가는 경험을 한 방첩사 부대원들의 학습효과는 여 전 사령관의 지시에 태업과 같은 소극적 태도로 나타났다. 기무사 해체 트라우마가 부대원들에게 '계엄령 알레르기'를 일으켰기 때문이다. 그 결과 현장에 나간 팀장들은 부대원의 중앙선관위 진입을 늦추며 시간을 끌고, 법무관들은 사령관 지시의 위법성 여부를 따졌다. 그러나 다른 사령부처럼 방첩사에서도 사령관 지시에 "불법"이라며 항명한 간부들은 없었다.

여인형은 윤 대통령의 충암고 9년 후배이자, 김용현의 충암고 10년 후배로 '충암파'다. 그는 군에서 야전 경험이 별로 없으면서 국방부와 육군본부를 주로 오가며 근무하는 장교들을 지칭하는 '아스팔트 군인'으로 분류된다. 그는 고급 지휘관들을 모시는 직책을 여러 번 거쳤다. 이 과정에서 군 내부의 권력관계와 외부 정치권과의 연계관계가 어떻게 작동되는지도 일찌감치 배웠다. 자연히 '정치 장교'적 성향을 지니게 된다. 고위 장성들도 자신의 부관이나 보좌관으로 동기생 가운데 상대적으로 우수한 장교를 선택한다. 게다가 모시는 지휘관이 국방장관이나 합참의장, 육군참모총장이라면 이들은 다른 동기생들보다 진급에서 유리한 조건이다. 여인형도 권오성 전 육군참모총장의 수석부관, 한민구 전 국방장관의 정책과장 등을 지냈다. 사단장(소장) 직무는 아스팔트 군인들의 부대장 '단골 코스'인 53사단에서 수행했다. 53사단은 사령부가 부산시 해운대구에 있다.

여인형은 소령 시절에는 육군본부 홍보기획과에서 근무했다. 당시 홍보기획과는 김판규 전 참모총장이 새로운 육군의 캐치프레이즈를 만들기 위해 신설한 부서였다. 그곳에서 그는 일반 사회의 트렌드가 어떻게 변화하는지를 체크해 참모총장에게 보고서를 만드는 업무를 했다. 가령 사회 변화를 다룬 베스트셀러가 있으면 그 책을 요점 정리해 육군총장에게 보고하는 것도 그의 업무였다. 그 당시 그의 상관은 홍보기획과의 총괄 장교로 충암고 10년 선배인 김용현 중령이었다.

2021년 6월이었다. 당시 육본 정책차장이었던 여인형 준장한테 "뵙고, 한 수 배우고 싶다"는 연락이 왔다. 무슨 '무협의 세계'도 아니고, '장군이 기자에게 한 수 배우겠다'고 하니 겸손의 조크로 받아들이기에도 어색했다. 좀 황당하다는 생각이었다. 용산 삼각지 국방부 후문에 있는 음식점에서 만났다. 육군 정책에 관한 얘기보다는 주로 군 인사들에 대한 대화를 나누면서 야전 지휘관 스타일이 아니라, 참모형 정치 장교라는 느낌을 받았다. 나중에 그가 방첩사령관에 임명됐다는 얘기를 듣고, '아! 방첩사가 옛날로 돌아가겠구나'라고 생각했다. 그리고 그는 12·3 불법계엄 사태의 주역으로 나섰다.

'용현파' 특전·수방·정보사령관의
수상한 행적

곽종근(육사 47기) 중장이 이끄는 육군특수전사령부
와 이진우(육사 48기) 중장이 이끄는 수도방위사령부는
12·3 비상계엄의 전면에 나선 계엄군이다. 당시 이들
두 사령관은 김용현 국방장관에게 부화뇌동해 계엄군
선봉에 섰으나, 시민들의 저항에 부딪혀 후퇴했다. 현
장 지휘관들을 포함한 부하들의 판단은 사령관들보다
나았다. 부하들의 현명한 판단이 막다른 골목에 처한
두 사령관을 그나마 도왔다는 평가를 받는다.

'설사'한 육군특수전사령관

12·3 불법계엄 성공의 열쇠는 육군특수전사령부에 달려 있었다. 윤석열 대통령이 비상계엄령을 선포한 12월 3일 국회에 특전사 최정예 병력들이 투입된 것도 그런 까닭에서다. 과거 1979년 신군부 세력의 12·12 군사반란 당시 특전사령관이었던 정병주(육사 9기) 소장은 쿠데타군에 끝까지 저항한 군인이다. 그 과정에서 정 사령관을 호위하던 비서실장 김오랑(육사 25기) 소령(중령 추서)은 반란군의 무차별 총격으로 전사했다. 반란군은 정 특전사령관의 부하인 하나회 최세창(육사 13기) 단장이 지휘하는 특전사 예하 제3공수특전여단이었다. 제3공수특전여단은 정병주 사령관을 체포하고 김오랑 비서실장을 사살했다.

12·3 불법계엄에서는 이와는 엇갈리는 상황이 연출됐다. 곽종근 특수전사령관은 국회의사당 문을 부수고 국회의원들을 끌어낼 것을 지시했으나, 부하 지휘관인 제1공수특전여단장과 707특수임무단장은 임무 수행이 어렵다고 보고했다. '안 되면 되게 하라'를 부대 신조로 하는 특전사 지휘관으로는 하기가 쉽지 않은 보고였다.

12·3 불법계엄의 군사작전이 성공하지 못한 가장 큰 요인은 곽 사령관의 우유부단함과 눈치보기였다. 군에서는 지휘관을 '결심하는 자'라고 한다. 부하들의 목숨이 왔다 갔다 하는 결정을 내려야 하는 지휘관의 어려움을 에둘러서 하는 표현이다. 한국군 수뇌부의 '결심지원실'이 합참 전투 통제실 내부의 별도 보안 시설로 설치된 이유도 지휘관의 결심이 얼마나 중요한지를 보여주는 증거다. 결심지원실은 존재 자체가 대외비였지만, 국회 국방위원회 질의·답변 과정에서 노출됐다.

　　곽 사령관은 스스로 결단을 내려야 할 순간에 윤 대통령과 김 국방장관의 지시를 부하 지휘관에 전달하는 걸로 대신했다. 곽 사령관은 1공수여단 병력이 국회에서 국회의원 보좌진, 시민들과 격렬하게 대치하던 때 이상현(육사 50기) 1공수여단장(준장)에게 전화를 걸어 "대통령님이나 장관님 이런 상부에서 화상회의를 하고 있는데, 국회의원들이 (비상계엄 해제를) 의결하려고 하는데 '문을 부숴서라도 국회의원들을 끄집어내라. 안 되면 전기라도 끊어라'라고 말씀하셨다"고 전달했다. 이 여단장은 "사령관님, 상부에서 지금 국회의원들을 의결 못 하게 문을 부숴서라도 끄집어내라고 지시하셨단 말씀이냐" 하고 되물었다. 곽 사령관이 "아 그런데…" 하며 말을 흐리던 차에 전화기는 꺼졌다.

곽 사령관은 '상부의 지시다. 문을 부숴서라도 국회의원들을 끄집어내라'라고 명령하는 대신 '상부의 지시가 있었다'고 전달하는 것으로 통화를 끝냈다. 이런 경우 군 간부들은 흔히 '설사했다'라는 은어적 표현을 사용한다. 이는 지휘관이 사후 있을지 모를 책임 논쟁을 피하기 위해 확실한 지침을 주는 대신 '면피성'으로 상부 명령의 전달 통로 역할만 하는 경우다. 당시 곽 사령관은 '설사'를 한 것이다.

대치 상황이 악화되는 가운데 사령관의 명확한 지침이 이어지지 않자 이 1공수여단장은 (보좌진들과) 접촉하고 있는 대대장한테 "일단 뒤로 물러나라"고 지시했다. 추가로 국회 진입을 준비 중인 후속 부대원들을 지휘하는 부하에게도 "다시 버스를 타라, 가서 추가적인 지시를 기다려라" 하고 명령했다. (국회 본청 안에서) 대치 중인 병력에게는 "버스로 복귀하라"고 지침을 내렸다. '비상계엄 해제 요구 결의안'이 통과된 이후 오전 1시 10분쯤이 되어서야 사령부 참모장으로부터 부대 철수 준비 지시가 내려졌다.

곽 사령관은 김현태(육사 57기) 제707특수임무단장 (대령)에게도 "국회의원이 150명이 안 되도록 막아라" 라는 상부 지시를 그대로 전달했다. 이에 707특임단 일부 인원이 창문을 깨고 국회 본청 안으로 진입했다. 그러나 대치 상황이 심각해지자 김 단장은 "건물 확보는 어렵다"고 곽 사령관에게 보고했다. 이후 김 단장은 비상계엄 해제 요구 결의안이 국회에서 가결됐음을 곽 사령관에게 보고하고 12월 4일 오전 1시 8분쯤 707특임단의 철수를 지시했다.

곽종근은 2023년 11월 동기생 중 3차로 중장으로 진급했다. 막차 진급이었다. 육군 지상작전사령관인 강호필 대장이 동기생이다. 그는 국회 국방위원회에서 대통령이 국회의원들을 끄집어내라고 지시한 사실을 말했다. 또 비상계엄 이틀 전인 12월 1일 김용현 국방장관으로부터 국회와 선거관리위원회 3곳, 민주당 당사, 여론조사 꽃(방송인 김어준 씨가 설립한 여론조사기관) 등 6곳을 확보하고 봉쇄하라는 지시를 받은 사실 등 비상계엄의 내막을 구체적으로 밝혔다. 또한 다른 계엄군 사령관들이 모두 TV를 보고 계엄령 선포를 알았다고 입을 맞춘 것 같다는 느낌을 받았다고 국회 국방위에서 말했다. 민주당은 곽 사령관이 불법계엄에 따른 부당한 지시를 받았으나 이를 따르지 않았다며 그를 공익제보자로 보호할 필요가 있음을 시사했다.

부하 덕분에 최악은 피한 수도방위사령관

수도방위사령부는 서울특별시를 방위하는 임무를 맡고 있는 대한민국 육군본부 직할 사령부다. 1984년 수도경비사령부(수경사)에서 수도방위사령부로 명칭이 바뀌었다. 1991년 3월에는 본부가 서울 중구에서 지금의 위치인 관악구 남태령으로 이전했다. 중구 한옥마을이 과거 수경사 본부가 있던 자리다. 1979년 신군부 세력의 12·12 군사반란 당시 수경사령관이었던 장태완(육군종합학교 11기) 소장은 쿠데타군에 끝까지 저항한 군인이다.

그러나 이진우(육사 48기) 수도방위사령관(중장)은 김용현 국방장관 지시로 제1경비여단 소속 제35특수임무대대 병력을 국회로 출동시켰다. 35특임대는 부대 명칭이 2년 전 '독거미'에서 '태호'로 바뀐 작전부대다. 유사시 도심 시가지 전투를 수행하고 수도 서울에서 테러 상황이 발생하면 즉각 출동해 대테러작전을 하는 것이 주요 임무다. 대통령실이 청와대에서 용산으로 이전하면서 국가 지정 대테러부대가 됐다. 이 사령관은 수방사 군사경찰단의 체포조도 국회에 투입했다. 본인은 직접 국회로 가서 계엄군의 무력점령 시도 현장을 지휘했다.

12월 6일 국방부에 의해 직무정지된 이진우 사령관은 12월 10일 국회 국방위원회에서 열린 계엄 관련 긴급 현안질의에 출석해 수방사 본연의 임무를 거론하며 "국회를 방어하고 보호하기 위해 투입된 것이다"라고 주장했다. 그러면서 장갑차가 출동하는 일은 자신의 선에서 막았다고 했다. 수방사에는 긴급 상황 시 병력을 태우고 출동이 가능한 차륜형 장갑차를 보유하고 있다. 이와 관련해서 밖으로 흘러나오는 말은 결이 다르다. 이진우 사령관이 장갑 중대 출동을 지시했으나 조모(육사 52기) 참모장(준장)과 김 모(3사 33기) 작전처장(대령)이 막았다는 것이다. 이 사령관이 "장갑차를 출동시켜서는 안 된다"는 참모들의 건의를 수용해서 사태가 악화되지 않았다는 얘기다. 또 이들은 "시민들이 농성 중인 현장 상황에서는 투입 병력에게 총 대신 자기 방어용 3단봉만 휴대하게 해야 한다"고 전화를 걸어 이 사령관을 설득해 병력들이 총을 버스에 두고 내렸다.

이 사령관은 참모들의 적극적인 설득과 의견을 받아들여 그나마 책임을 덜게 된 셈이다.

당시 이진우 사령관은 김용현 국방장관의 지시에 따라 35특임대 등 병력 출동을 지시해놓고 본인도 곧장 국회 현장으로 출동했다. 이후 그는 병력 출동 상황도 모르고 있던 참모장에게 참모 소집을 지시했다. 상황이 발생할 경우 참모회의를 통해 병력 출동 절차를 거쳐야 하는데, 이 사령관이 바로 현장 지휘관에게 전화 지시를 한 것은 문제의 소지가 있는 대목이다.

수방사 35특임대가 3일 오후 10시 25분쯤 있었던 윤석열 대통령의 계엄 발표 이후 30여 분 만인 오후 11시에 출동한 것도 눈여겨볼 대목이다. 대부분 간부들로 구성된 35특임대의 경우 비상 대기 상태에서 출동하지 않았다면 그 속도는 불가능했기 때문이다. 즉 상부 지시로 퇴근자들이 소집돼 계엄령 선포 전부터 영내 대기했다는 의미다. 이 사령관은 검찰 조사에서 사전에 계엄령 선포 사실을 알았다고 진술했다.

이진우는 진급을 위해 김용현에게 여러모로 '공'을 들였다. 그는 김용현이 경호처장이던 때부터 자신을 어필하는 사진과 메시지를 카톡으로 꾸준히 보냈다. 김용현도 '수고했다'는 식의 답신을 보냈다고 한다.

이진우는 중장은 2차, 소장은 3차로 진급해 별을 하나 더 달았다. 육사 48기 동기생 가운데 군인들이 흔히 표현하는 '선두주자'가 아니다. 그가 대령에서 준장으로 진급한 해인 2018년에 동기생으로 당시 한미연합사 작전기획처장이었던 주 모 대령은 장성 진급심사에 부정이 있었다고 주장했다. 주 대령은 한미연합사 연습과장이던 이진우 대령이 근무 평점이 경쟁자보다 아래임에도 불구하고 군단장 출신 부친의 '아빠 찬스'로 진급했다고 국방부 감사관실에 이의를 제기했다. 이 때문에 이진우의 진급을 두고 시끄러운 분위기였다.

이진우는 준장 진급 이후 9대 육군 과학화전투훈련단(KCTC) 단장으로 임명됐다. KCTC는 1대부터 8대 단장까지 진급자가 한 명도 없어 퇴역하기 전 마지막으로 거쳐가는 자리로 알려져 있었다. 그러나 이진우는 3차에 소장으로 진급하고 육군 12사단장에 임명됐다. 12사단장 시절에는 전방 GP에서의 내무반 부조리로 인한 총기 자살 사건 등이 일어났으나, 합참 근무 경력이 없었음에도 불구하고 합참 핵심참모인 작전기획부장으로 영전해 뒷말을 낳았다. 이진우는 2023년 11월 중장으로 2차 진급, 수방사령관에 임명됐다.

북파공작원 특수부대까지 동원한 정보사령관

문상호(육사 50기) 국군정보사령관(소장)은 12월 3일 비상계엄령이 선포되기 전인 오전 10~11시쯤 김용현 국방장관의 전화를 받았다. "해당(이번) 주에 야간에 임무를 부여할 수 있다. 정보사령관은 1개 팀 정도를 편성해서 준비하라"는 내용이었다. 오후 5시쯤 김 국방장관이 다시 전화를 걸어왔다. 전화기에서 흘러나오는 김 국방장관의 목소리는 "해당(이번) 주가 아닌 오늘 야간에 임무를 줄 수 있다. 그러니 (대원들을) 오늘 21시 어간에 정부과천청사 일대에서 대기할 수 있도록 하라"는 명령이었다. 김 국방장관은 "(계엄 포고) 속보가 나오면 즉시 선관위로 이동해 전산실 위치를 확인하라"는 지시를 함께 내렸다. 정부과천청사와 중앙선관위는 인접해 있다.

문상호 사령관은 곧바로 관련 참모에게 대령을 팀장으로 한 영관급 요원 10명을 정부과천청사 인근에서 대기하도록 하라는 지시를 내렸다. 윤석열 대통령의 계엄령 선포와 함께 정보사팀 10명은 선관위로 곧장 달려갔다. 그들이 선관위 현장에 도착한 시간은 윤석열 대통령이 비상계엄령을 선포한 지 불과 5분 만인 오후 10시 33분이었다. 계엄 업무의 근거가 되는 계엄사령부가 제대로 구성되기도 전이었고, 계엄 포고령이 발효되기도 전이었다.

문 사령관은 팀장에게 선관위 전산실 위치를 확인 후 사진을 찍고, 다른 팀(방첩사팀)이 오면 인계해줄 것을 지시했다. 방첩사로 임무 인계는 김 국방장관한테 받은 지시사항이었다. 문 사령관 지시에 따라 팀장은 휴대전화 카메라로 선관위 서버를 촬영했다. 대령 계급장을 단 군인이 선관위 서버를 촬영하고 정보사 대원이 움직이는 모습은 선관위 내부 폐쇄회로(CC)TV에 찍혀 공개됐다.

이후 문 사령관은 "선관위로 내일 이동하라. 세부 임무는 추후 하달하겠다"는 김 국방장관의 지시로 경기도 판교에 위치한 정보사 공작파트 주둔지에 부대원 30명을 대기시켰다. 이들은 비상계엄이 해제된 12월 4일 새벽 상황 종료로 해산했다. 그중에 HID(북파공작원 특수부대) 대원들이 함께 있었던 사실이 국회 국방위에서 밝혀졌다. HID는 전시에 북한 내부에 침투해 요

인 암살 등을 통한 폭동 및 소요 사태를 일으켜 후방을
교란하는 임무를 전문적으로 수행하는 부대다. 비상계
엄에 부대원 동향과 활동이 철저히 비밀에 부쳐져야 하
는 HID까지 등장한 데 대해서는 군 내부에서도 충격이
라는 반응이 나왔다.

민간인의 지시를 받은 현직 사령관

문상호 정보사령관은 정보병과답게 평소 본인을 잘 드
러내지 않고 조용하게 업무를 하는 스타일이라고 A준
장을 포함한 동기생 여럿은 공통적으로 평가했다. 그들
은 문상호 사령관이 12·3 불법계엄 사태에 언급되는 것
에 대해 의아해했다.

그 배경에는 노상원(육사 41기) 전 정보사령관이
있다. 그는 민간인 신분으로 김용현 국방장관과 계
엄을 모의하고, 문상호 정보사령관을 움직였다. 그는
2018년 육군정보학교장 시절 부하 여군을 강제 추행한
혐의로 실형을 선고받고 군을 떠났던 인물이다. 그는
불법계엄 이틀 전인 12월 1일 경기도 안산시의 한 롯데
리아 매장에서 문상호 사령관, 정보사 소속 정 모 대령,
김 모 대령 등과 만났다. 노상원이 자리를 떠난 뒤 문

사령관은 두 대령에게 '비상계엄'이 예정됐다는 사실을 언급한 것으로 전해졌다.

노상원은 계엄 당일인 12월 3일 2차 롯데리아 회동에서는 구 모 2기갑여단장(준장)과 민간인인 김 모 전 대령 등과 만났다. 노상원과 구 여단장은 박근혜 정부 때 각각 대통령 경호실과 청와대를 경비하는 수방사 경비단에 근무하면서 알고 지낸 사이다. 노상원과 김 전 대령은 육군 제7사단에서 각각 정보참모와 헌병대장으로 근무해 친분이 있다. 특히 김 전 대령은 2012년 대선 당시 군의 '정치댓글 공작 사건' 수사 책임자인 국방부조사본부 수사단장이었으나, 사건을 축소 은폐한 혐의로 2018년 징역 10개월을 선고받았던 인물이다. 불법계엄에 불명예 전역자들이 깊숙이 개입한 것이다. 경찰 특별수사단은 경기도 안산의 한 점집에서 노상원의 자필 수첩을 확보했다. 이 수첩에는 비상계엄 선포 직후 군 병력 배치 장소와 구체적인 병력 이동 계획이 담겨 있는 것으로 전해졌다.

군 관계자들은 12·3 불법계엄의 배후에 군에서 불명예 전역한 예비역들이 김 국방장관의 비호 아래 근무 인연과 진급 등을 내세워 현역 후배들을 불법계엄에 가

담하도록 회유했을 가능성이 높다고 봤다.

　문상호 사령관은 육사 선배인 노상원의 지시를 받고 HID와 인적 정보 휴민트 요원 가운데 인력을 선발했다. 일부는 계엄 당일 중앙선거관리위원회 서버 확보 시도에 동원됐다.

　문 사령관이 불법계엄에 참여한 배경에 대해 정보병과 사정을 잘 아는 군 관계자는 2024년 잇따라 터진 정보사령부 내 사건들을 주목할 필요가 있다고 지적했다.

　정보사는 2024년 한 해 동안 지휘부 간 갈등으로 바람 잘 날이 없었다. 국방부 검찰단과 국군방첩사령부는 8월 27일 국군정보사령부 공작팀장인 5급 군무원 B를 구속·기소했다. B는 7년 동안 중국 정보요원으로부터 돈을 받고 해외에서 신분을 숨기고 활동하는 '블랙요원' 명단은 물론 작전계획, 해외 공작망 등 정보사의 핵심 기밀을 빼돌렸지만 정보사령부는 이를 전혀 파악하지 못했다. 이 사건으로 정보사는 중국 등에 파견한 블랙 요원들을 전원 철수시켰다. 그런 만큼 군 수뇌부는 정보사령부에 대해 사실상 해편 수준으로 뜯어고칠 계획이었다. 그러나 이 해편 계획은 김용현이 국방장관에 취임한 이후 잠잠해졌다.

정보사에서는 블랙 요원 명단 유출 사건과 비슷한 시기에 정보사 소속 두 장군이 하극상과 폭행을 주고받은 뒤 서로를 고소하는 사건이 터졌다. 문상호 정보사령관과 당시 정보사 소속 박 모(육사 47기) 여단장(준장)이 그 당사자다. 이들은 서울 충정로에 있는 정보사 안가인 오피스텔 사용 문제로 충돌했다. 박 여단장이 해당 오피스텔을 정보사와 협력관계 민간단체인 군사정보발전연구소에 무료로 제공하고 이를 문 사령관에게 보고하면서부터다. 문 사령관은 박 여단장에게 "사령관 없이 결정한 것은 직권남용 및 배임에 해당한다"고 지원 중단을 지시했으나, 박 여단장은 반발했다. 이후 문 사령관은 박 여단장을 상관 모욕과 폭행 혐의로 국방부 조사본부에 신고했고, 박 여단장은 7월 17일 문 사령관을 폭행과 직권남용 혐의로 고소했다. 박 여단장은 고소장에 중국 동북지방에서의 집단 기획 탈북 공작으로 추정되는 '광개토 사업'을 언급하면서 파장을 키웠다. 이 과정에서 군사정보발전연구소 대표가 신원식 안보실장과 절친한 육사 37기 동기인 조 모 전 국방정보본부장(예비역 중장)인 것으로 드러났다.

군에서는 정보사 군무원 기밀 유출 사건과 여단장

항명 사태에 책임을 지고 문상호 정보사령관이 경질될 것으로 예상했다. 그런데도 그는 "나는 나가지 않는다"고 자신했다. 그리고 장담한 대로 자리를 지켰다. 김용현 국방장관이 12·3 불법계엄 사태에 문 사령관을 활용하기 위해 그를 유임시켰던 것으로 보인다. 문 사령관 입장에서는 보은 차원과 함께 향후 진급을 염두에 두고 정보사 요원들을 12·3 계엄에 동원했을 것으로 군 관계자들은 해석했다. 문상호 사령관과 김용현 국방장관을 이어준 사람은 전 정보사령관인 노상원이었다.

앞서 언급했듯이 김용현과 노상원은 노태우 정권 때 수방사 55경비대대에서 처음 만났다. 이후 박흥렬 육군참모총장 때 김용현은 총장 비서실장(준장)이었고, 노상원은 그 밑에서 정책과장(대령)직을 수행해 오랫동안 호흡을 맞춰온 사이다. 그 관계는 12·3 불법계엄 사태로 이어졌다. 박근혜 정권 때 노상원은 박흥렬 청와대 경호실장 아래 군사관리관을 지냈고, 청와대 파견 중이던 문상호와도 1년을 함께 근무했다. 문상호는 노상원이 김용현에게 추천한 것으로 알려졌다.

불법계엄이 성공했더라면

만약 12·3 불법계엄이 성공했다면 곽종근 특전사령관과 여인형 국군방첩사령관, 이진우 수도방위사령관, 문상호 정보사령관에게는 어떤 일이 일어났을까? 여러 명의 영관급·장성급 현역 및 예비역 군인들에게 물었다. 이구동성으로 4명 사령관 모두 진급했을 것이라고 답했다. 특전사령관과 방첩사령관, 수방사령관은 육군 대장 보직, 정보사령관은 국방정보본부장(중장)으로 영전했을 개연성이 매우 높다고 했다. 박안수 육군참모총장도 국방장관으로 영전하고, 김용현 국방장관은 더 높은 자리로 갔을 것이라는 추측도 나왔다.

대부분 김용현이 오래전에 이들에게 '자리'(진급)를 제안했을 것이라고 추정했다. 김용현으로부터 장군 직위를 제안받았던 경험이 있는 B예비역 대령은 "그게 그분의 특기"라고 말했다. 김용현의 업무 스타일을 잘 알고 있는 C예비역 소장은 "VIP(대통령)께서 관심을 가지신다"거나 "(한미)연합사에 근무했는데, (육군 대장 자리인) 부사령관 한번 해야 되지 않나"라는 식으로 넌지시 얘기했을 거라고 했다. 자신을 따르면 진급시켜주겠다는 식의 가스라이팅이라는 것이다.

진급은 군인에게 가장 달콤한 '미끼 상품'이자 '아킬레스건'이다. 인사권자에게 충성하면 진급이고, 인사권자의 권유를 거절하면 진급은 물 건너가고, 심하면 군복을 벗어야 하는 게 한국군의 생리다. 한때 곽종근 특전사령관의 직속상관이기도 했던 C예비역 소장은 곽 사령관에 대해 '순한 사람'이라고 표현하면서 "상관의 지시를 거스를 수 있는 성격이 아니"라고 말했다. 그는 "전역해도 방산업체 취업조차도 쉽지 않은 현실에서 별을 하나 더 다는 것을 '생계형 진급'이라고 말하는 장군도 있다"면서 "진급이 눈앞에 있으면 흔들릴 수밖에 없다"고 했다. 김 국방장관이 부하들에게 어떤 방식으로 불법 비상계엄에 참여토록 동기를 부여했는지는 당사자들이 입을 열기 전에는 확인하기 어렵다. 그러나 전·현직 군 간부들은 김 국방장관의 가스라이팅 방식을 지목했다.

여인형 방첩사령관과 곽종근 특전사령관, 이진우 수방사령관은 모두 A급 장군으로는 평가받기 힘들다는 게 군 내 대체적 평가다. 특히 합참과 같은 최상급 부대에서 합참의장이 이들을 어느 수준으로 평가했는지는 주변 간부들이 다 알고 있다.

김용현은 자신에게 필요한 인적 자원이라면 능력에 관계없이 지원을 아끼지 않고 자기 사람으로 만들어왔다. 그렇게 되면 상대방은 굳이 구체적으로 얘기하지 않더라도 그의 의중을 알고 따른다는 것이다. 윤 대통령이 2024년 8월 8~9일 이틀간 휴가 중 충남 구룡대군 골프장에서 특전사 707특임단 소속 부사관 2명을 동반자로 골프를 친 것으로 알려져 그 의도를 의심받고 있다. 707특임단은 12·3 불법계엄 때 가장 먼저 국회에 진입한 부대이고, 대통령 휴가 일정을 직접 조율한 책임자는 김용현 당시 경호처장이었다.

김용현 국방장관이 비상계엄을 위해 부하들을 단속하고 격려했을 것으로 추정되는 대표적인 회동은 한남동 공관모임이다. 그는 대통령 경호처장 재직 시절 서울 한남동 공관으로 3명의 사령관을 불러 모임을 했다. 육군 특수부대를 총괄하는 곽종근 특전사령관, 수도권 방어 책임자인 이진우 수방사령관, 군 정보기관 수장인 여인형 방첩사령관 등이었다. 이들은 모두 12·3 불법계엄 때 핵심 역할을 하며 휘하 군 병력을 출동시킨 사령관들이다. 여 방첩사령관은 계엄사령부에서 합동수사본부장을 맡을 예정이었다. 2024년 9월 2일 국회 국방위원회에서 열린 김용현 국방장관 후보자에 대한 인사청문회에서 더불어민주당의 박선원 의원은 이 모임에서 계엄을 모의한 것 아니냐는 의혹을 제기했다. 이에 김용현 후보자는 "청문회는 사실이 아닌 것을 가지고 거짓 선동하고 정치 선동하는 자리가 아니라고 생각한다"며 반박했는데, 결국 거짓말을 한 것이었다. 당시 군 내에서는 극소수의 사적 라인을 만든 게 아니냐는 비판이 일었다. 12·3 불법계엄 후에는 김 국방장관이 자신이 다루기에 껄끄러운 장군들은 사전에 계엄군의 주축에서 배제했다는 말이 나왔다.

구금 시설로 등장한 B1 벙커

12·3 불법계엄 후 열린 국회 국방위원회에서는 일반 시민들이 쉽게 접하지 못했던 군사 정보들이 질의·응답 과정에서 나왔다. 합동참모본부의 '결심지원실'과 같은 생경한 단어도 등장했다. 윤석열 대통령이 합동참모본부 지휘통제실 내부에 있는 '결심지원실'에 들어가 김용현 국방장관 등과 별도 회의를 했다는 증언을 통해서였다. 합참 전투통제실이 있는 내부 보안 시설이 'B2 벙커'라는 것도 확인됐다.

방첩사가 B1 벙커를 체포 대상자들의 구금 시설로 이용하려 했던 사실은 충격적이었다. B1 벙커는 평시 한미연합훈련과 정부의 위기대응연습을 실시하고, 유사시 전쟁지휘부 역할을 하는 시설이다. 전시 대통령 집무실도 있을 뿐 아니라 수천 명의 생활이 가능한 공간이다. 방첩사가 실제로 B1 벙커를 구금 시설로 사용했다면 수백 명 이상을 체포해 구금할 수 있었을 것이라는 얘기다. 수감자 입장에서 B1 벙커는 외부와 완벽하게 차단된 '절해고도'와 같은 곳이다.

　　북한만이 아니라 대한민국의 여러 잠재적 적대 국가들에게 1번 전략 표적이 되는 한국군의 중요 부대 위치 등도 드러났다. 또 이들 부대에 실제 근무하지 않으면 알 수 없는 정밀한 정보도 노출됐다. 특전사 707특수임무단의 부대 위치와 헬기 한 대의 탑승 인원, 부대에 동시에 계류할 수 있는 헬기 대수, 특정 지역까지 이동하는 데 걸리는 시간 등은 작전 능력과 관련된 군사 정보들이었다. 특전 부대원들이 평시 휴대하는 총기와 탄약 보관 방법, 이송·전달 과정도 공개됐다.

육군총장은
계엄군 '바지 사장'

12·3 불법계엄 당시 계엄사령관을 맡았던 박안수 육군참모총장(대장)은 경북 청도 출생으로 육군사관학교(46기) 토목공학과 출신이다. 육군본부 작전과장, 제2작전사 교육훈련처장, 제8군단 참모장, 지작사 작전계획처장, 제39보병사단장, 제2작전사 참모장, 제8군단장, 건군 제75주년 국군의날 행사기획단장 겸 제병지휘관 등 임무를 수행했다. 평소 온화하고 후배 장교들에게 따뜻한 성품이다.

계엄사령관으로 지명된 박 총장은 김용현의 지시

대로 움직이는 '예스맨'이었다. 그는 '12·12 군사반란'에 가담해 법정에 섰던 당시 이희성 계엄사령관(육군참모총장)을 떠올리게 한다. 반란 세력의 '얼굴 마담' 역할을 했던 이희성은 법정에서 "전두환이 전권을 휘둘러 나는 할 수 있는 게 없었다"고 주장했지만 대법원은 받아들이지 않고 징역 7년을 선고했다. 박 총장은 "국회에 난입한 계엄군에 실탄이 지급됐느냐"는 질문에도 "진짜 모른다. 투입한 것도 몰랐기 때문"이라고 답변했다. 그는 "(야당) 지도부에 대해 체포조가 가동됐다는 얘기가 있는데 그 지시는 누구에 의한 것인가"란 질문에도 "그런 것을 들은 기억이 없다. 당시 상황실 구성과 임무를 어떻게 해야 하는지, 계엄 전문가를 부르고 있던 상황"이라고 말했다. 실제로 그는 계엄이 선포된 12월 3일 밤 합참 지하 작전회의실에 마련된 계엄사령부 사무실에서 몇몇 부하들과 덩그러니 앉아 있었다. 그는 계엄군의 '바지 사장'이었다.

통상 계엄 업무는 계엄과가 있어 평소에도 계엄령과 관련한 훈련을 지속적으로 해온 합동참모본부가 맡는 게 순리다. 그렇게 되면 합참의장이 계엄사령관이 된다. 그러나 김용현 국방장관은 작전통인 김명수(해사

43기) 합참의장(해군 대장)이 해군인 데다, 자신을 따르는 라인이 아니라는 점을 우려했던 것으로 보인다.

국민들은 12·3 불법계엄 후 국회 국방위 현안질의에서 시종 맹한 표정을 지은 채 의원들의 질문을 노트에 받아쓰기 바쁜 박안수 총장의 모습을 봤다. 북한이 도발하면 즉각 응징하라는 '즉·강·끝'을 외치던 모습은 볼 수 없었다. 현역 장교들도 "계엄 상황은 (제가) 조금 약해서 '어떡하냐, 어떡하냐' 하다가 시간이 지났다"면서 "잘 모르겠다"를 연발하는 박 총장의 발언에 당혹스러워했다. 36여만 명의 지상군 병력을 통솔하는 육군의 최선임 장교가 취해서는 안 되는 모습이었다.

A예비역 준장은 자신의 SNS에 "육군참모총장이 계엄의 의미를 몰랐다고 말한다면 어느 국민이 믿겠는가. 일단 서명을 했으면, 그 순간 그 행위에 책임을 지는 것이 군인의 자세다. 서명을 해놓고 난 전문성이 없어 잘 모르겠다? 전시에는 지휘관의 단 한 마디, 한 순간의 판단에 의해 수만에서 수천 명의 목숨이 오간다. 부하들을 다 죽여놓고 나는 그 분야 전문성이 없어서 어쩔 수 없이 서명했다고 하면, 죽은 부하들이 살아 돌아온다는 말인가"라는 글을 올렸다.

5부

12·3 불법계엄 사태가
남긴 것

★

12·3 불법계엄 실패의
원인과 결과

김용현의 군 내 사조직이나 다를 바 없던 '윤석열 군부'
의 12·3 불법계엄 실패는 한국군에 여러 교훈을 남겼
다. 군 조직이 특정 군맥에 의해 좌지우지되면 얼마나
위험한지를 보여줬다. 한국군이 불법계엄 와중에도 대
북 대비 태세에 문제없이 시스템으로 정상 작동되는 군
대라는 것도 국민들에게 인식시켰다.

　　그러나 군 장병들이 계엄 상황에서 해서는 안 되는
행위가 무엇인지 잘 몰랐다는 사실이 드러났다. 제대로
된 계엄 교육이 이루어지지 않은 탓이다. 실력이 아니

라 인사권자 입맛대로 자리에 오른 군 수뇌부의 민낯도 그대로 노출됐다. 대신 군이 가야 할 길에 대한 시사점을 던져줬다.

시대를 역행한 군 동원

언제부터인가 한국군 장성들이 쿠데타와 관련해서 하는 농담이 있다. 한국군이 쿠데타를 할 수 없는 '3대 이유'다. 첫째가 휴대폰 때문에 보안을 유지할 수 없다. 둘째는 수도권의 교통체증 때문에 병력 이동이 어렵다. 셋째는 교통체증을 피하려면 공휴일에 거사를 해야 하는데, 그날은 장군들의 군 골프장 라운딩이 잡혀 있어 안 된다는 것이다.

이 조크의 핵심은 병력 이동의 어려움이다. 수도권의 교통체증은 '서울의 봄' 때처럼 대규모 병력을 동원한 기습 쿠데타를 불가능하게 만든다. 육군 기동군단인 7군단 동원은 언감생심이다. 예하 부대인 경기도 양주의 8사단, 홍천의 11사단, 가평의 수기사단이 새벽 시간대라 해도 서울로 가려면 2시간 넘게 4km 이상 행군대열이 형성되고 소음도 커 이동이 시민들에게 금방 노출된다. 그나마 경기도 파주시에 있는 육군 1군단의 특공

연대와 경기도 고양시 30기갑여단을 신속히 기동해 국회를 포위하는 것이 상대적으로 가능하겠지만, 이 역시 사전에 노출될 가능성이 크다.

계엄군이 경기도 이천의 특전사 707특수임무단을 헬기로 투입하고, 서울 강서구의 1공수여단 2개 대대와 남태령의 수방사 35특임대대를 합세하게 한 것도 접근성이 가장 유리하다는 이유에서였다. 결국 계엄군은 특전사 특수작전헬기들이 나쁜 날씨로 제시간에 이륙하지 못하고, 서울 R-75 비행제한 구역의 비행을 허가받는 데 시간을 지체하는 바람에 국회로 병력 투입이 늦어졌다. 이는 작전 실패로 이어졌다.

계엄군 지휘부와 현장 지휘관의 엇박자도 계엄을 실패로 이끌었다. 김 국방장관은 충성파 사령관들로 계엄령 준비를 했으나, 정작 이 사령관들의 지시는 현장 지휘관들에게 적극적으로 먹혀들지 않았다.

12·3 불법계엄은 시대착오적인 군 동원이 먹혀들지 않는다는 점을 증명했다. 군 간부들은 정당성이 결여된 계엄령을 따르는 것은 역풍에 휘말릴 수밖에 없다는 것을 알고 있었다. 이 같은 정서는 연령대가 낮은 하급 지휘관으로 갈수록 강한 경향을 보였다. 사실상 친

위 쿠데타에 가까운 '12·3 비상계엄령'에 동원된 지휘관들은 민간인과의 충돌을 최소화하기 위해 소극적인 작전 전개로 일관했다. 만약 'GPNVG-18' 4안(眼) 야간투시경을 착용한 707특임단 병력이 국회 본회의장 전원을 차단, 현장을 암흑 상황으로 만든 뒤 작전에 나섰으면 상황이 달라졌을 것이다. 출동 병력 중 누군가 돌발적으로 소총 개머리판으로 민간인을 구타했다면 사태는 최악으로 번질 수 있는 상황이었다. 계엄군으로 현장에 동원된 장병들의 인내심이 사태 악화를 막았다.

인사 쓰나미 예고

12·3 불법계엄 사태로 군 수뇌부는 줄줄이 직무에서 배제되거나 수사 또는 조사 대상이 됐다. 박안수 육군참모총장, 여인형 국군방첩사령관, 이진우 수방사령관, 곽종근 특수전사령관, 문상호 정보사령관 등 계엄군 3성 장군 이상은 모두 포함됐다.

불법계엄에 동원됐던 군의 주요 직위자들이 줄줄이 직무에서 배제되고 수사선상에 올랐지만 대북 대비태세는 큰 영향을 받지 않았다. 군은 시스템으로 움직이기 때문에 직무대리자들이 임무를 수행해도 큰 문제가 없기 때문이다. 육군참모총장 직무대리에도 고창준(3사 26기) 제2작전사령관이 곧바로 임명됐다. 고 육군대장은 김천대(옛 김천보건전문대) 치기공학과를 졸업해 군에서는 특이하게 치과기공사 자격증을 갖고 있다.

계엄군에 동원된 특전사와 수방사가 실제 접적 지역에서 적과 맞서 싸우는 부대가 아니라 대테러 임무를 주로 하는 점도 대북 대비 태세에 지장을 주지 않은 이유다. 현행 군사작전을 지휘하는 합동참모본부는 12·3 불법계엄 사태에서 비켜나 있었다.

12·3 불법계엄 사태로 윤석열 정권 집권 이후 '영남 출신 육사'로 채워졌던 국방부와 군 지휘부에 변화가 예상된다. 윤 정권의 군 수뇌부 인사는 특정 지역 육사 출신으로 편중되면서 의사결정의 폐쇄성, 경직성을 드러냈다. 윤 정권 국방장관들은 이종섭(육사 40기·경북 영천), 신원식(육사 37기·경남 충무), 김용현(육사 38기·경남 마산) 전 육군 중장들이다. 향후 군 인사는 '쓰나미급'이 될 전망이다.

★

불법계엄 사태로 드러난
한국군의 역설

'운장'이 지휘하는 한국군

군인들은 소속 병과가 있다. 작전 전문이면 작전병과, 정보 전문이면 정보병과 이런 식으로 작전, 정보, 군수, 정훈, 군종 등으로 세분화돼 있다. 그런데 장군이 되면 병과 개념이 없어진다. 군대에서는 장군쯤 되면 특별한 세부 업무에 정통한 전문성보다는 모든 상황에 종합적으로 대처할 수 있는 식견이 더 필요한 덕목이기 때문이다. 장군을 영어로 제너럴(general)로 호칭하는 이유다. 장교로 임관한 군인의 꿈은 제너럴, 즉 장군이다. 대한민국 장군 정원 370명에 포함되는 것이다.

흔히 장군을 지혜로운 지장(智將), 부하들이 따르는 덕장(德將), 용맹한 용장(勇將)으로 구분한다. 그런데 한국군에서는 지장, 덕장, 용장이 한꺼번에 다 덤벼도 당하지 못하는 장군이 있다. '운장(運將)'이다. 한국군에서 '운장'은 능력보다는 주로 줄을 잘 타서 승승장구하는 장군들을 가리킨다. 대한민국 육군참모총장도 마찬가지다. 운이 따라줘야 한다. 역대 육사 졸업생도 중 최우수 성적자인 대통령상 수상자나 최고의 리더에게 주어지는 대표 화랑 출신 중에서 참모총장이 된 군인은 2명뿐이다. 박안수 대장은 국군의날 제병 지휘관을 발판으로 육군참모총장 자리에 오른 '운장'이었으나 12·3 불법계엄 때 민낯을 보여줬다.

한국군 장군 인사는 군에서 쌓아온 경력보다 외부 정치권 바람을 더 많이 탄다. 문재인 정권 때는 인사검증 명목으로 진급자 명단을 올리라고 한 뒤에 그 명단 가운데 몇 명을 미리 추려 진급 제외자 명단이라고 각 군 본부에 내려보낸 적도 있었다. 그 얘기를 전해 들은 장군은 "아! 이번 정권에서는 끝났구나" 하고 전역한 뒤 정권 교체기에 대선 캠프를 찾는다. 윤석열 정권에서는 김용현의 영향력이 지대해 '용현파'라는 말까지 생겼다.

좀 '웃픈' 경우도 있다. 대안이 없다 보니 벼락출세하는 경우다. 차 떼고 포 떼고 식의 인사를 하다 보면 마땅히 진급시킬 대상자가 없어지는 경우가 생긴다. 그러면 가장 말 잘 들을 것 같은 장군을 군 수뇌부에 앉히는 일이 벌어진다.

한국군이 전시작전통제권(전작권)이 없다는 점도 군 수뇌부 인사에 영향을 미친다. 합참 근무 경력이 없는 장군이 합참의장이 되고, 육군본부 근무 경력이 없는 장군이 육군총장에 오른 극단적 사례가 발생하는 이유다. 전작권이 미군인 한미연합군사령관에 있다 보니 벌어지는 일이다. 한국군에 전작권이 있다면 그 막중한 무게에 군 통수권자가 쉽게 군 수뇌부를 바꾸기 어렵다.

미군을 믿고 정권 입맛대로 인사를 하다 보니 한국군은 합참의장을 비롯한 육·해·공군 참모총장들이 법률이 정한 2년 임기를 채우기 어렵다. 2000년대 이후 취임한 한국군 합참의장 16명 가운데 최소 22개월 이상 자리에 머문 대장은 6명뿐이었다. 육군참모총장 18명 가운데 정확하게 임기 2년을 마무리한 경우는 남재준 대장이 유일했다. 해군은 참모총장 16명 가운데

6명이 제 임기를 마쳤다. 공군은 참모총장 16명 중 5명이 임기 2년을 꽉 채우진 못했지만 비슷하게 임기를 완료했다.

미군은 합참의장과 참모총장들이 대부분 임기를 보장받는다. 미국 대통령이 바뀌어도 군 수뇌부의 지휘 능력을 존중하기 때문이다. 이들은 임기가 2년이지만 2년 임기 연장이 관례다. 특별한 결격 사유가 없다면 4년 동안 임무를 수행하게 된다. 2000년 이후 미국 합참의장은 2023년 9월 취임한 찰스 브라운 공군 대장을 비롯해 총 8명이다. 그중 4년 임기를 채우지 못한 합참의장은 16대 피터 페이스 대장 한 명뿐이다. 트럼프 1기 정부 후반에 마크 밀리 합참의장은 시위군중 진압을 위한 군 병력 출동 반대 등 여러 이슈에서 트럼프 대통령과 충돌했지만, 교체되지 않았다. 2000년 이후 미 육군참모총장은 8명 전원이 4년 임기를 마쳤다.

미군에 견주면 장군 임기가 '파리 목숨'보다 못한 한국군이다. 정권이 바뀌면 지난 정권에서 잘나갔던 장군들은 진급에서 대부분 아웃된다. 대장들은 전멸이다. 그 과정에서 군 인사는 정권의 코드에 맞춰 '귀에 걸면 귀걸이', '코에 걸면 코걸이'식 인사가 된다. '줄서기'를 잘해 진급하는 '운장'이 최고다. 12·3 불법계엄이 군 인사에서 수뇌부의 임기를 보장하고 정치권의 개입을 막는 계기가 돼야 하는 이유다.

다시 보는 국방개혁 2020

수도방위사령부는 군사정권이 역쿠데타를 막기 위해 창설한 제30경비단과 제33경비단이 커진 수도경비사령부가 나중에 군단급으로 증편된 부대다. 김용현 국방장관은 친위 쿠데타에 가까운 12·3 불법계엄에 수방사 병력을 동원해 수방사의 창설 명분이 부끄럽게 됐다.

과거 수방사령관은 군사정권 시절에는 하나회 출신만이 맡을 수 있었던 군 최고의 요직이었다. 지금은 상비사단이 없고 전시에도 한미연합사에 배속되지 않는 만큼 작전 전문가보다는 정책형 장군들이 주로 가는 자리가 됐다.

국방부가 2005년 발표한 '국방개혁 2020'에 따르면 수도 전체 방위를 수도군단이 맡고, 수도방위사령부는 해체될 예정이었다. 이 계획은 노무현 정권이 보수 정권으로 바뀌면서 국방개혁 2020이 폐지됨에 따라 없던 일이 됐다. 그러나 이후로도 수방사의 효용성에 대해서는 수시로 논란이 됐다. 12·3 불법계엄을 계기로 수방사 해체 주장은 다시 한번 수면 위로 떠오르게 됐다.

인구절벽 시대에 병력 감축 압박을 받고 있는 육군 차원에서도 현재의 수방사령부는 가성비가 떨어지는 조직이다. 예하 52사단과 56사단은 수도군단으로 편입시키고, 1방공여단은 지상작전사령부 직할로 편입시키면 보다 효율적인 작전이 가능하다는 주장이 나오는 이유다. 수방사 예하 기갑부대인 제19전차대대도 2011년 12월 기계화보병부대로 개편된 제8사단 예하로 보내졌다.

현행법상 대테러작전은 국가정보원 통제 아래 경찰이 수행하도록 명시돼 있다. 그러나 수방사는 1,000만 서울 시민의 안전을 지킨다는 명분하에 국가 지정 대테러부대인 제35특임대대 '태호부대'를 운용하고 있다. 청와대를 지키던 제1경비여단은 대통령실이 용산으로 옮겨감에 따라 그 역할이 크게 줄었다.

시민으로서의 군인

"수고했다. 중과부적이었다."

계엄령 해제 직후 김용현 당시 국방장관이 계엄군 소집 해제를 지시하며 한 말이다. '중과부적(衆寡不敵)'은 '적은 수〔衆寡〕로는 많은 적(敵)을 대적하지 못한다〔不〕'는 의미의 사자성어다. 윤석열 대통령을 따른 자신과 뜻이 다른 대한민국 국민은 적이었다는 의미로 해석될 수 있는 말이다. 이는 '명령에 죽고 명령에 산다'는 군의 특수성을 왜곡한 결과다.

금기를 배우지 못한 장교들

육군은 장교들에게 지휘 철학으로 '임무형 지휘'를 교육시켜왔다. 불확실성이 뚜렷한 전장에서 수단을 위임받은 일선 지휘관에게 행동에 대한 자율권을 부여하는 지휘 통제술이다. 목적 달성을 위한 수행 방법은 임무 수령자에게 위임된다. 하급 지휘관이 능동적으로 판단하고 재량권을 최대한 활용해 불확실한 상황에 효율적으로 대처하도록 하기 위해서다.

한국 육군의 '임무형 지휘'는 사상과 철학에 가까운 지휘 개념이다. 이는 개개인의 주체적 판단력에 대한 신뢰를 기본으로 한다. 그런 만큼 "상급자가 시키면 토 달지 않고 무조건 복종하는 것"은 올바른 군인의 자세가 아니다. 적법하지 않은 명령은 거부해야 한다. 국민의 대표 기관인 국회에 총부리를 겨누라는 명령 역시 거부의 대상이다. 명령에 무조건 따르는 군인으로 "명령에 따른 게 뭐가 문제냐"는 여인형 당시 방첩사령관의 발언은 잘못된 것이다.

그러나 12·3 불법계엄 당시 상부에서 법률적 군 통수권자인 '대통령 윤석열'의 지시라며 '항명'까지 들먹일 때 지휘관들은 어떤 선택을 해야 할지 딜레마에 빠졌다. '항명'이냐, '내란의 공범'이냐를 판단하기도 어렵다. 스스로 기자회견을 자청해 "자신의 책임"이라며 눈물을 흘린 707특임단장의 고뇌가 여기에 있었다. 여기에는 시민으로서의 군인임을 교육시키지 않은 육사의 잘못이 크다. 심지어 육사는 군대도 시민사회의 구성체임을 일깨워주는 '헌법과 민주시민' 수업을 폐지했다.

12·3 불법계엄과 관련해 계엄과가 설치돼 있는 합참의 고급 장교들조차 계엄이 실시되면 '무엇을 해야하는지'는 훈련을 통해 알고 있었으나, '해서는 안 되는것'은 무엇인지 알지 못했다고 실토했다. 장교들을 길러내는 각군 사관학교의 대대적 개혁이 필요한 이유 중하나다.

국군사관학교와 문민 국방장관

군의 환골탈태 개혁은 주로 군의 기득권 세력인 육군사관학교 출신들에 의해 '턱'을 넘지 못하기 일쑤였다. 이번 12·3 불법계엄도 해군인 합참의장을 패싱한 육사 출신들만의 불법적 병력 동원이었다.

육군사관학교 명칭의 원조는 일본 제국주의다. 일본 육사는 일제가 육군 장교를 양성하기 위해 1874년

176

개교한 군사학교로 1945년 폐교되었다. 일본은 패전 이후 평화헌법으로 군대를 가질 수 없어 1952년 방위대학교를 개교해 사관학교는 역사 속으로 사라졌다. 일본 자위대에는 사관이란 명칭도 없다.

육사는 1946년 5월 1일 개교한 국방경비대사관학교를 모체로 하고 있다고 홈페이지에서 밝히고 있다. 현재 대한민국은 장교 양성기관을 '사관학교'라고 부르는 유일한 국가다. 미국 육군 장교를 양성하는 기관은 미합중국 군사대학(USMA; United States Military Academy)이다. 웨스트포인트(West Point)는 뉴욕주(州) 웨스트포인트시(市)에 위치해 있어 붙은 별칭이다. 한국에서 '미국 군사대학'을 '미국 사관학교'로 부르는 것은 한국군 육사에 빗댄 편의적 표현이다.

육군사관학교라는 명칭은 일제의 잔재다. 따라서 사관학교 명칭을 바꿔야 한다는 주장을 진지하게 검토해봐야 한다. 일부 육사 출신 예비역 장성들은 육사를 '태릉육군대학'으로 개칭해 제2의 도약에 나설 것을 제안하기도 했다.

이와 함께 육·해·공군 통합사관학교, 가칭 '국군사관학교'가 군 개혁방안 중 하나로 오르내린 것은 오래전부터의 일이다. 미래전에 대비하고 육·해·공군의 통합 작전 능력을 강화하기 위한 사관학교 통합안은 정권이 바뀔 때마다 꾸준히 제기됐다. 2009년 3월 '사관학교 교육운영 개선 TF'를 구성해 사관학교 교육과정의 합동성과 효율성을 제고하는 방안을 검토한 것이 그 시작이었다.

사관학교 교육 통합은 조직 이기주의에 눌려 흐지부지됐다. 지금도 사관학교 교육은 폐쇄적인 군 특성을 그대로 답습하고 있다. 교수진은 거의 대부분이 군 출신으로 민간 전문가를 찾기 힘들다. 생도들이 군사학 분야를 제외한 국제관계·경제학 등 주요 학문에서 민간 수준의 전문성을 쌓기가 어려운 이유다. 게다가 군사학 분야에서조차 육·해·공군 3군 전체를 아우르는 교육을 받기 어렵고 전략가를 키우기 힘든 구조다.

생도 규모를 고려할 때 현재의 사관학교 교육 시스템은 비효율적이다. 육사는 생도 1,200여 명, 교수진 150여 명으로 구성된다. 해사는 생도 680명, 교수진 100여 명이고, 공사는 생도 750여 명, 교수진 110여 명이다. 전문가들은 육·해·공군 사관학교를 통합해 운용하면 교육자원 집중으로 현재보다 훨씬 높은 수준의 교육이 가능하다고 진단한다.

12·3 불법계엄은 군 통수권자의 잘못된 선택에 국방장관이 부화뇌동한 사건이다. 그러면서 군의 명예까지 실추시킨 사건이다. 그 배경에는 필요하다면 시민들에게까지 총부리를 돌릴 수 있다는 잘못된 인식이 숨어 있다. 12·3 불법계엄은 장교 교육과정의 중요성이 제기된 사건이기도 하다.

육군 3성 장군 출신 국방장관은 대통령의 정치적 어려움을 총칼로 해결할 수 있다고 나섰다가 군 통수권자와 함께 몰락했다. 군 통수권자에 대한 충성심이 강하다는 이유로 임명된 장군 출신 국방장관이 저지른 국가적 혼란을 국민들은 지켜봐야 했다.

12·3 불법계엄으로 문민 국방장관 주장이 힘을 얻을 것으로 보인다. 이제는 북한의 군사적 위협을 이유로 당연히 군 출신이 국방장관을 맡아야 한다는 주장에 많은 현역 군인조차 동의하지 않는다. 국방 업무를 전쟁을 감당하고 부대를 관리하는 시점으로만 봐서는 안된다. 국방장관이라면 군 통수권자인 대통령의 지시를 무조건적으로 따르는 게 덕목이 아니라, 국방 철학을 교감하기 위해 과거 로버트 맥나마라 미 국방장관처럼

대통령에게도 끊임없이 질문을 던질 줄 알아야 한다.

한국군은 천문학적 국방 예산을 쓰는 군대다. 국무위원이면서 국방 업무의 전반을 전문성 있게 담당할 경영인 출신 장관이 나올 때가 됐다. 전문 경영인 출신의 국방장관은 예비역·퇴역 단체나 외부의 눈치를 보지 않고 군 조직의 효율화에 적극적으로 나설 수 있다. 국방사업에서도 비용 지출의 초기 기획 단계부터 중간 점검, 획득, 운용, 문제점 처리에 이르기까지 조직을 효율적으로 관리하는 데 유리하다. 전투 임무 태세는 '전쟁 전문가'로서 군복을 입은 합동참모본부 및 각군 지휘관들에게 맡겨도 문제가 없다. 안보를 경제적 관점에서 책임져야 할 시점이다.

부록

대통령실 용산 이전은
어떻게 이루어졌나

청와대 이전은 1990년대부터 대선 후보들의 단골 공약
이었지만 실현되지 못했다. 광화문 집무실이 지닌 한계
때문에 안 된다는 게 공통 결론이었다.

　문재인 정권에서 청와대의 광화문 이전을 추진한
유홍준 광화문대통령시대위원회 자문위원은 2019년
"집무실을 현 단계에서 광화문 청사로 이전할 경우에
청와대 영빈관, 본관, 헬기장 등 집무실 이외의 주요 기
능 대체 부지를 광화문 인근에서 찾을 수 없다는 결론
을 내렸다"고 밝혔다. 여기에 경호 문제 해결이 불가능

해 문재인 대통령은 광화문 이전을 결국 포기했다.

윤석열 대선 후보도 청와대 이전을 공약으로 내걸었다. 대통령에 당선된 그는 벙커 시설만 빼고 청와대를 모두 시민에게 개방하겠다는 의지를 보였다. 잠은 총리 공관에서 자고, 근무는 정부서울청사에서 하고, 국가안전보장회의(NSC)는 청와대 위기관리센터 상황실인 지하벙커에서 하는 식이다. 국가원수의 동선으로는 비상식적 발상이었다.

대통령 집무실과 관저의 분리는 대통령이 출퇴근할 때마다 주변 교통 통제로 이어진다. 대통령 경호상 필요한 재밍(jamming, 전파방해)으로 시민들은 툭하면 통신 장애를 겪어야 한다. '대통령 등의 경호에 관한 법률'상 시민들은 도심 내 검문검색 강화로 불편을 겪게 되고, 집회·시위의 자유 등이 제한될 수밖에 없다. 서울 중심가인 광화문에서 그런 일이 벌어지면 국민 반발만 커질 뿐이었다.

김용현 '청와대 이전 태스크포스(TF)' 부팀장과의 만남

2022년 3월 9일 20대 대통령 선거일이었다. 윤 대선 캠프에서 활동하던 김용현 전 합참 작전본부장에게 점심을 함께 하자는 연락이 왔다. 며칠이 지난 주말에 연락을 전해준 A와 함께 여의도 리빙텔 빌딩에 있는 음식점에서 그를 만났다. 그가 대선 캠프생활을 하면서 자주 가는 곳인 듯 보였다.

이런저런 덕담을 나누다 이제 새 정권이 출범하면 그가 국방장관을 해야 하는 것 아니냐는 얘기가 나왔다. 그런데 그는 "당선인께서 당분간 청와대 이전을 책임져달라"는 부탁을 했다고 말했다. 그 말은 윤석열 정권의 첫 경호처장직을 맡게 된다는 얘기로 들렸고, 얼마 지나지 않아 그는 경호처장으로 임명됐다.

김용현은 청와대 이전 문제를 놓고 고심하는 눈치였다. 나는 "고민하지 말고 용산 국방부로 가면 된다"고 말했다. '청와대 이전'이라는 대선 공약을 접했을 때 용산 국방부 자리가 최적이라는 생각을 해오던 터였다. 이전부터 "국방부와 합참을 이전해 그 부지를 국가적으로 더 현명하게 사용해야 한다"고 국방부 간부들과 군 장성들에게 주장했다. 〈국방부·합참 이전은 '대선 공약'이어야 한다〉는 제목의 신문 칼럼을 쓰기도 했다. 유사시를 대비하고 국가 위기 사태를 고려하면 국방부와 합참이 서울 한복판에 있는 것은 부자연스럽고 비효율적이다.

김용현에게 "YS 때부터 시도했던 광화문 대통령 집무실 설치는 애초부터 불가능한 사안으로, 태양이 지구 주위를 돈다는 천동설에 집착하는 것과 다를 바 없다"고 말했다. "코페르니쿠스적 전환으로 패러다임을 바꿔 대통령 집무실을 광화문이 아닌 제3의 장소에서 찾으면 된다"고, "금광(대통령 집무실)을 찾는다며 수십 년 동안 광화문에서 땅굴을 팠는데 아무것도 나온 것이 없지 않았느냐. 국방부 땅은 삽질만 해도 금이 나오는 노천광"이라고도 했다.

국방부와 합참이 용산을 떠나야 하는 것에 대해서도 "전시가 되면 국방장관과 합참의장 등 전쟁 지휘부는 용산을 떠나 수방사 B1 벙커로 가지 않느냐, 그런 점을 고려하면 합참의 수방사 이전은 전·평시 대비 태세를 일체화하는 것"이라고 강조했다. 수방사는 과거 국방개혁 2020 방안대로 해체하면 된다고 했다.

지금도 합참 근무자들은 한미연합훈련 때만 되면 남태령 수방사 B1 벙커로 이동한다. 군사작전을 총지휘하는 합참의 기능이 용산에서 남태령으로 옮겨간다. 전쟁을 대비하는 데프콘(방어준비태세) 발령 수준이 높아지면 수방사가 관리하는 B1 벙커가 전쟁지휘본부가 되기 때문이다. 국방부와 합참에 근무하는 군인과 직원들은 한미연합훈련 때만 되면 케이직스(KJCCS, 합동지휘통제체계) 장비 등을 B1 벙커로 옮기기 위해 승합차에 실어 나르느라 부산을 떤다.

이는 비효율적일 뿐만 아니라 근무자들의 마음가짐을 전시와 평시로 이분법적으로 구분하게 해 전·평시가 따로 없다는 현대전 관점과도 맞지 않는다. 한국군이 벤치마킹한 미군의 경우 펜타곤 내 최상부 조직에서 작전과 지원 기능이 신속하고 심도 있게 연결되는 것과 대조적이다. 그동안 대한민국 국방부는 분단국가라는 점을 앞세워 일종의 성역에 머물러 있었다.

국방부와 합참, 육·해·공군 본부는 근무 인원의 '다이어트'가 필요한 기관들이다. 현재 한국군은 합참과 각군 본부 지휘부는 비대하고 야전간부는 부족한 기형적 조직이다. 일이 터질 때마다 만들어지는 태스크포스(TF)와 중복 부서, 무원칙한 상부 조직 증원 등이 그 원인이다. 국방부와 합참 이전은 불필요하게 모여 있는 간부들을 야전으로 배치해야 한다는 목소리를 실천할 수 있는 계기이기도 했다.

군정 최고기관인 국방부는 각군 총장들과 긴밀하고 신속하게 논의하고 3군 본부 역할을 통합하기 위해서 3군 본부가 있는 계룡대로 이전하는 것이 합리적이다. 하지만 국방장관이 남북 대치 상황에서 군 통수권자인 대통령을 신속히 보좌해야 하고 국가안전보장회의 참석 멤버라는 점에서는 서울에 있는 것도 바람직하다. 이 경우 남태령 일대 수방사 부지를 넓히거나 국군지휘통신사령부 같은 과천 일대 군부대를 선택해 국방부를 이전하는 방법이 있다.

실제로 문재인 정권 때 남태령 수방사 부지를 인근에 있는 옛 채석장으로까지 확대해 국방부와 합참을 이전하는 방안을 검토했다는 게 당시 실무자들의 증언이다. 이 청사진은 부지 확장에 예산이 많이 드는 데다 진보 정권이 안보부처를 건드린다는 역풍을 우려해 백지화됐다.

김용현은 처음에는 별말 없이 얘기를 듣다가 "당선인께서 국민들과의 소통에 관심이 많고 소통을 무척 중요시하는데 국방부는 막혀 있어서 좀 어렵지 않느냐"고 반문했다. 이에 "국방부와 붙어 있는 용산 미군기지 담벼락이 곧 없어지고 공원으로 변신하고 있어 시민들과 함께할 수 있는 열린 공간이 될 것"이라고 설명했다. 그러면서 "개인적으로 알고 있는 윤 당선인의 캐릭터를 고려하면, 아마도 아메리카노 한 잔 들고 가다가 용산 공원에 피크닉 나온 시민들에게 '안녕하세요' 인사하는 것을 즐길 것"이라는 말도 더했다. 또 "반환되는 용산 기지 일부 공간은 대통령실 필요에 따라 사용도 가능하지 않겠느냐"고 덧붙였다. 용산 미군 헬기장을 가져오면 경호를 위한 헬기까지 2대가 동시 이륙이 가능하고, 의전 공관인 영빈관은 국방컨벤션을 외국 국빈을 맞이할 수 있는 수준으로 리모델링하면 된다고도 말했다.

한 가지 문제점도 지적했다. "국방부 부지가 주변 고층 건물에서 훤히 들여다보여 드나드는 주요 인물들의 동선이 속속들이 노출된다"며 "대통령실이 국방부로 이전한다면 나무를 심어 외부로부터 시야를 가리는 보안 작업도 해야 한다"고 말했다. 국방부 청사는 고층 건물의 숲으로 둘러싸여 있어 인근 높은 건물의 웬만한 층수에서는 청사 현관이 맨눈으로도 훤히 들여다보이는 문제가 있었다. 한참 청와대 이전 얘기를 하다가 대화의 주제는 다른 쪽으로 넘어갔다.

그다음 날 김용현에게 갑작스런 전화가 걸려왔다.

그는 청와대가 용산으로 가면 국방부를 어디로 옮겨야 할지 고민이 된다는 얘기를 꺼냈다. 그러면서 일단 과천에 있는 방위사업청으로 가는 게 어떻겠냐고 물었다. 방위사업청은 윤 당선인의 대선 공약으로 대전으로 이전하는 게 예정돼 있던 터였다. 국방부청사가 합참청사보다 지은 지 더 오래돼 대통령실이 가기에는 상대적으로 낡은 건물이라는 점도 걱정했다.

그는 대답하기 힘든 몇 가지 사항에 대해서도 물었다. 그에 대해서는 전문지식이 없어 "일단 여러 변수를 고려한 시뮬레이션을 돌려 '플랜A'와 '플랜B'를 만든 후 각각의 장단점을 윤 당선인에게 보고해 본인이 최종 선택하도록 하는 게 어떻겠느냐"고 제안했다. 또 얘기를 들어보니 너무 서두르고 있다는 느낌이 들어 "대통령 집무실과 관저를 옮기는 데는 검토할 사항이 많은데, 시간이 걸리더라도 차분하게 준비하는 게 좋지 않겠느냐"고 했다. 대통령실 이전의 경우 100개 중 하나라도 놓치면 국가안보 측면에서도 타격이 크고, 당선인이 임기 첫날부터 시간표에 스스로를 얽매이게 하는 것은 부작용을 낳을 수 있겠다는 생각이 들어서 했던 얘기다. 그는 "알겠다"면서 전화를 끊었지만, 대통령실의 용산 이전은 이미 '시위를 떠난 화살'임을 직감했다. 아마도 청와대의 대안을 찾기 힘든 시점에서 답답한 마음에 국방부 부지를 얘기하니까 윤 당선인이 바로 '그렇게 하자'며 적극적으로 반응한 게 아닌가 싶었다.

청와대 이전 발표와 쏟아지는 비난

윤석열 대통령 당선인은 취임 첫날부터 새로운 집무실에서 근무할 것임을 못 박았다. 그는 2022년 3월 20일 청와대 집무실을 용산 국방부청사로 이전하겠다고 공식 발표했다. 그는 "특히 합참청사는 연합사가 평택으로 이전함에 따라 전쟁지휘본부가 있는 남태령 지역으로 이동하는 것이 바람직하다"며 "이렇게 되면 합참은 평시와 전시가 일원화된 작전지휘체계 유지가 가능하다"고 밝혔다. 그리고 "여기 합참청사는 이게 원래 한미연합작전을 고려해서 연합사가 용산에 있어서 용산에 들어온 거지 원래는 관악산에 전시지휘소가 있는 곳에 있어야 평시, 전시 원활한 작전지휘가 가능하게 돼 있다"고 했다.

윤 당선인은 "대통령 집무실이 있는 청사는 백악관 같이 낮은 담을 설치하고 여기까지 시민들이 들어올

수 있게 이렇게 할 생각"이라며 "대통령이 일하고 있는 모습과 공간을 국민들께서 공원에 산책 나와서 얼마든지 바라볼 수 있게 한다는 그 정신적인 교감 자체가 굉장히 중요하다고 저는 생각을 한다"고 말했다. 그는 "장기적으로는 국방부도 과천이라든가 이런 넓은 장소를 잡아서 시설을 제대로 만들어서 이전하는 것이 바람직하다는 견해들이 많이 있습니다마는 지금 제가 이것까지 설명하고 판단할 상황은 아닌 것 같다"고 했다. 약간은 당황스러웠던 것이 윤 당선인의 설명 대부분이 앞서 내가 김용현 전 본부장에게 말했던 내용들이었다. 전후 사정을 안다면 브리핑 시나리오를 짜줬다고 해도 믿을 판이었다.

국방부 이전은 '번갯불에 콩 볶아 먹듯이' 서두를 수밖에 없었다. 10층 규모인 국방부청사에 근무하는 인원은 1,100여 명에 달했다. 관련 부서들의 대이동이 불가피해졌다. 국방부 직원들은 모두 불만을 표시했다. 몇몇은 악덕 건물주한테 쫓겨나는 세입자 코스프레를 하는 것처럼 보이기도 했다.

국방부가 계룡대로 갈지 모른다는 소문이 퍼지면서 특히 국방부에서 근무하는 여성 공무원들이 불안해

했다. 국방부는 서울에서 근무할 수 있다는 이점 때문에 여성 공무원들이 가장 선호하는 정부부처 중 하나다. 정부부처 가운데 국방부의 고시 출신 여성 공무원 비율이 상위에 속하는 이유다.

군인들의 반응은 달랐다. 대부분은 국방부가 굳이 서울에 있어야 할 이유가 없다고 말했다. 국방부 근무 장교들 상당수의 가족들이 계룡대에 거주하는 것도 영향을 미친 것 같았다. 하지만 공통적인 의견으로는 시간을 두고 옮기면 문제가 되지 않을 텐데 갑작스런 이사가 부담스럽다고 했다.

야당은 공식 발표 전 윤 당선자가 청와대 집무실을 서울 용산구 국방부 부지로 이전하는 안을 유력하게 검토하고 있다는 언론 보도가 나올 때부터 졸속 이전이라며 강하게 비판했다. 윤 당선자 측이 국방부 기자의 조언에 따라 대통령 집무실을 국방부로 이전하기로 했다는 '지라시'도 돌아다녔다. "대통령 집무실 용산 국방부 이전 아이디어는 국방부 출입기자 아이디어"라는 전언이 '받은 글(지라시)' 형태로 SNS에 확산됐다.

윤 당선자 측근인 김용현 전 합동참모본부 작전본부장이 지난 3월 11일 국방부 출입 현직 기자와 만나

'집무실을 옮겨야 하는데 어디가 좋겠느냐'고 물었고, A기자가 '용산 국방부로 들어가면 어떻겠느냐'고 발언했다는 내용이었다. 김 전 본부장이 이에 '굿 아이디어'라고 답했고, A기자에게 먼저 '기사로 분위기를 잡아주면 감사하겠다'고 부탁했다는 내용이 지라시에 적혀 있었다. 지라시를 보니 A기자는 분명 나였다. 지라시 내용은 일부는 맞고, 일부는 틀렸다. 만난 날짜가 11일이 아니었고, 김 전 본부장이 집무실 이전 부지를 먼저 묻지 않았다. 내가 아이디어를 제시했고, 김 전 본부장은 한두 가지 물었을 뿐 속마음을 내색하지 않았다.

〈청와대는 국방부로 가야…"'용의 땅' 대통령 시대"〉라는 칼럼을 두고도 말이 많았다. 칼럼은 내가 김용현을 만나 해줬던 얘기를 정리한 내용이었다. 이후 여기저기서 전화가 쏟아졌다. 미디어오늘과 한겨레신문, 인터넷 매체 기자들이 지라시 내용을 확인하는 전화를 걸어왔고, 칼럼의 배경을 묻는 이도 있었다. 경향신문에서도 지라시에 언급된 부분에 대한 설명을 요구했다.

청와대 집무실의 이전 검토안이 보도되자 일부 언론 매체들의 '숟가락 얹기'식 글들도 잇따랐다. 〈국방부 청사보다는 전쟁기념관으로〉, 〈대통령 집무실 이전 최적지는 국립박물관이다〉 등과 같은 제목의 기사들이다.

대통령 집무실의 용산 이전에 대한 주변의 비판은 상당했다. 지인들도 마찬가지였다. 함께 국방부를 출입한 적이 있는 최일구 당시 MBN 앵커가 "청와대의 국방부 이전 얘기는 뭐야"라고 물어와 과거 썼던 칼럼들을 보내줬다. 그는 "어! 뭐야, 칼럼 내용하고 똑같네"라면서 "난 청와대 이전 반대야. 옮길 이유도 없는데 왜 옮겨" 하며 전화를 끊었다. 친한 언론계 후배인 송평인 동아일보 논설위원은 "어느 신문 국방전문기자가 칼럼에서 한번 던져본 제안을 받아 하루아침에 광화문에서 용산 국방부청사로 바꿨다"고 신랄하게 비판하는 칼럼을 썼다. 나중에 술자리에서도 청와대 이전을 놓고 쓴소리를 해 서로 다른 입장을 확인했다. 그는 할 말을 돌려 말하지 않는 바른 언론인이다.

청와대 이전을 찬성하는 언론계 동료들도 많았다. 대통령이 산 밑에서 나와 국민과 매일 소통하려는 게 보기 좋다고 했다. 하지만 윤 대통령의 출근길 도어스테핑은 오래가지 않았다. 본인이 말했던 용산 공원 잔디밭에서의 소통도 없었다. 불통 대통령은 불법 비상계엄도 마다하지 않았다. 당선인 시절 대통령실의 용산 이전 발표를 하면서 기자회견문에서 '소통'이란 단어를 7번 언급했던 그가 아니었다.

'호랑이 굴'에 들어간 대통령

대통령실의 용산 이전은 군에서 전격작전을 하듯이 이루어졌다. 막상 이전이 끝나니 '과연 차분하게 준비했다면 청와대 이전이 가능했을까' 하는 의문이 들었다. 윤석열 대통령 본인도 "일단 청와대 경내로 들어가면 제왕적 권력의 상징인 청와대를 벗어나는 것이 더욱 어려워질 것"이라면서 "일단 청와대에 들어간 뒤 이전을 검토한 전임자들의 실수를 반복하지 않겠다"고 말했다. 그런 논리라면 졸속이라도 전격 이전이 최선일 수 있겠다는 생각도 들었다.

이후 경향신문 기자의 말을 듣고 대통령실을 옮겼냐는 여러 사람의 질문에는 응하지 않았다. 그 질문 자체가 대통령실이 졸속 이전됐다는 걸 전제로 하여 정권을 싸잡아 비판하는 논리에 동원될 게 뻔했기 때문이었다. 그러던 중 김용현 당시 청와대 이전 태스크포스(TF) 부팀장은 CBS 라디오 〈김현정의 뉴스쇼〉에 출연해 용산 이전과 관련한 질문에 "제가 이름을 대라면 다

댈 수 있지만 한 50명 이상 많은 예비역 선후배님들 다 뵙고, 전문가들을 다 만났다"며 "이미 (용산 이전) 복안을 가지고 있었고 여기에 대해 어떻게 생각하느냐는 의견은 (박성진 기자에게) 물었다"고 답했다. 후배 기자가 전해준 그 내용을 듣고 실소를 금치 못했다. 발언의 정도가 좀 심했다는 생각이 들었다. 그래서 친구인 김 모 예비역 준장에게 전화를 걸었다. 김용현 부팀장과 잘 통하는 사이인 그에게 "50명 전문가 중 단 한 명이라도 누군지 얘기해보라고 해라"라고 말했다. 김 부팀장과 친한 몇 사람에게도 똑같은 말을 전했다. 얼마 후 그는 "뭔가 오해가 있는 것 같은데, 식사나 하자"는 말을 전해왔지만 답변을 하지 않았다.

대통령실 전격 '이전작전'의 책임자는 김용현 당시 경호처장이었다. 아마도 그가 아니었으면 대통령실의 용산 이전은 그렇게 짧은 시간에 가능하지 않았을 것이다. 경호처의 반발은 무시 못할 변수였지만, 김 경호처장의 벽을 넘지 못했다. 그는 군 시절부터 경호 전문가나 마찬가지다. 청와대를 경비하는 업무에 정통하다. 청와대를 지키는 수방사 제30경비단 소대장(중위)을 시작으로 제55경비대대 경비제대장과 작전장교(소령), 제

1경비단장(대령), 사령관(중장) 등을 지냈다. 그는 경호처 통제에 노상원 전 정보사령관의 도움을 받은 것으로 전해졌다. 예비역 소장인 노상원은 박근혜 정권 때 청와대 경호실의 2인자 격인 군사관리관을 지내 경호처 시스템을 꿰뚫고 있다.

그러나 합참과 국방부 이전은 계속 지지부진하고 있다. '비워야 채워진다'는 말이 있듯이 수방사를 해체해야 합참 이전이 순조롭게 이행될 수 있다. 그러나 군은 그럴 의지가 없다. 국방부는 대통령실과 불편한 동거를 이어가고 있다. 장기 목표가 뚜렷해야 단기 목표도 추진력을 얻을 텐데 그렇지 못하고 있다. 우선 청와대에서 나오는 데 급급한 나머지 그다음 단계는 임기응변식으로 진행하고 있는 탓이다.

윤 대통령은 사실 군복 입은 군인들이 득실대는 '호랑이 굴'에 들어가 있는 셈이다. 군은 군 통수권자에게 절대 충성을 맹세하지만, 언제 어떤 행동을 할지 100% 제어는 불가능한 무력 집단이다. 대통령실의 용산 이전 후에 경호처 지시로 국방부가 근무지원단 무기고에 있는 유탄 발사기를 빼내 외부 부대로 옮겼다는 얘기도 들렸다.

군의 부대 배치를 보면 정권이 바뀌면 혹시 있을지 모를 대통령실의 청와대 복귀 가능성에 대비하는 것으로 보인다. 청와대를 지키던 수방사 제1경비단도 여전히 자리를 지키고 있다.

용산의 장군들

윤석열 군부와 12·3 친위 쿠데타의 실체

초판 1쇄 2025년 1월 10일 발행

지은이 박성진
펴낸이 김현종
출판본부장 배소라 **책임편집** 최세정 **편집도움** 진용주 이솔림
디자인 김기현 **마케팅** 안형태 김예리 **경영지원** 문상철

펴낸곳 ㈜메디치미디어
출판등록 2008년 8월 20일 제300-2008-76호
주소 서울특별시 중구 중림로7길 4
전화 02-735-3308 **팩스** 02-735-3309
이메일 medici@medicimedia.co.kr **홈페이지** medicimedia.co.kr
페이스북 medicimedia **인스타그램** medicimedia

ⓒ 박성진, 2025
ISBN 979-11-5706-387-1 (03300)